Paralele

Adriana Ciocănea

Published by Adriana Ciocănea, 2016.

PARALELE

First edition. March 16, 2016.

ISBN: 979-8230864240

Written by Adriana Ciocănea.

Paralele

Publicat de ADRIANA CIOCĂNEA
Ediția Smashwords

Published by ADRIANA CIOCĂNEA
Smashwords Edition

Dedicație

Dedic această lucrare fiicei mele Anca și nepoatei mele Alexa Maria, cu speranța că, de câte ori ochii lor vor citi aceste rânduri și mâinile lor vor prepara aceste rețete de prăjituri, vor fi bucuroase că experiența de viață și în gospodărie a mamei și bunicii lor, le va fi de folos și-i vor păstra o frumoasă amintire !

Cuprins

Mulțumiri

Aduc mii de mulțumiri tuturor Doamnelor care au avut plăcerea și dragostea de a-mi împărtăși din cunoștințele lor culinare, de a-mi îmbogăți viața mea și a tuturor cititorilor mei prin minunatele lor rețete de prăjituri, de sfaturi pentru realizarea și înfrumusețarea vieții noastre, a tuturor celor ce dorim să mâncăm sănătos și să ne bucurăm de viață !

„Am învățat

Am învățat că nu poți face pe cineva să te iubească,

Tot ce poți face este să fii o persoană iubită.

Restul ... depinde de ceilalți.

Am învățat că oricât mi-ar păsa mie

Altora s-ar putea să nu le pase.

Am învățat că durează ani să câștigi încrederea,

Si că doar în câteva secunde poți să o pierzi.

Am învățat că nu contează CE ai în viață,

Ci PE CINE ai.

Am învățat că te descurci și ți-e de folos farmecul cca. 15 minute,

După aceea, însă, ar fi bine să știi ceva.(ce va urma).

Am învățat ca nu trebuie să te compari cu ceea ce pot alții mai bine să facă,

Ci cu ceea ce poți tu să faci.

Am învățat că nu contează ce li se întâmplă oamenilor

Ci contează ceea ce pot eu să fac pentru (ei spre) a rezolva(necazul lor).

Am învățat că oricum ai tăia,(o felie din tumultul vieții)

Orice lucru are două fețe.

Am învățat că trebuie să te desparți de cei dragi cu cuvinte calde.

S-ar putea să fie ultima oara când ii vezi”[ref_1].

Din multele nimicuri ori mai putinele învățături culese din viața mea și a celor pe care i-am cunoscut și prețuit, s-au născut „PARALELE”, mici povestiri despre amintiri semnificative, însoțite de rețete culinare sau de sfaturi în gospodărie. Acestea sunt dăruite ca omagiu amintirii celor ce mi le-au oferit, precum și ca ofrandă tinerelor gospodine de acum și din totdeauna!

Moș Crăciun cu plete dalbe, prin nămeți bine ai venit!

Moș Crăciun este o poveste pe care toți copiii din toată lumea o știu și o povestesc și o repovestesc când devin părinți. La noi Moș Crăciun venea în fiecare an chiar în seara de Ajun! Era o sărbătoare în toate! În casă era o curățenie pe care mama o făcea cu multă trudă și migală, la care ajutam și noi copiii. Mama scutura covoarele de lână și spăla podelele din scândură de lemn de brad; tata ajuta la ridicarea paturilor pentru a șterge cel mai mic firicel de praf, iar noi copiii ne ștergeam de praf jucăriile și mai făceam ordine în dulapul cu cărți și jucării. Toată casa era în agitație și toată lumea era bucuroasă, pentru că ne pregăteam de marea sărbătoare a Crăciunului! Eu și fratele meu Vian eram cuminți, ascultători cum nu se putea mai bine, pentru că era o condiție esențială pentru a veni Moșul. Vian avea doar trei anișori și credea cu toată convingerea în povestea cu Moșul Crăciun, iar eu aveam șase ani, dar credeam cu aceeași convingere. O ajutam pe mama la curățenie, iar Vian, important și el în treburile gospodărești, alerga când spre mătura mamei, când spre a mea. La un moment dat, sătul fiind de apelativele noastre *„stai Vian"*, *„păzea Vian"* prin care încercam să-l îndepărtăm din cale, s-a adresat tatei disperat: *„ce au femeile astea cu mine, că nu știu decât: stai Vian, păzea Vian?"*. Tata a fost pe moment puțin încurcat de întrebarea lui foarte clară, dar a găsit răspunsul: *„Ce să-i faci măi Vienușule, femeile astea!"*. A rămas în istoria glumelor în casa noastră, această întâmplare! Și bătrâni când vom fi, ne vom aduce aminte și o vom cita! Ei, dar să revenim la seara de Ajun de Crăciun! Era o sărbătoare în toată casa. La bucătărie fierbeau sarmalele iar cozonacii se coceau în cuptor. In casă era o curățenie și un miros de podele ceruite și mobile lustruite, parfumul curățeniei generale. Tata pregătea în curte grătarul cu vreo zece porumbei destinați pentru saramură și fleicile de carne de porc pentru friptură. Tata era ajutat de nenea Jane și nenea Nicuță, iar soțiile și copiii lor pregăteau programul artistic cu noi copiii. Doamne și ce mai repetam, și ce mai cântam să ne audă Moșul cât eram de cuminți! Toți aveam pregătite poeziile și toți eram cuprinși de aerul sărbătoresc al serii de Ajun. Eram îmbrăcați în hăinuțele cele mai noi și frumoase și eram pregătiți pentru cea mai importantă sărbătoare din viața noastră de copii! La poartă veneau rânduri, rânduri de colindători pe care tata îi primea în curte și-i răsplătea pentru colindele pe care le cântau, cu bani și nuci. Și se cânta Moș Crăciun cu plete dalbe... Alte grupuri de colindători veneau să ne cânte Leru-i Ler și Steaua sus răsare. Noi eram în casă cu năsucurile lipite de geamul rece, dar ascultam cu plăcere colindele și ne doream să ne facem mari, să putem pleca și noi la colindat cu copiii cei mari din cartier. Și uite așa deodată se făcea o lumină mică în casă, o veioză anemică, iar în curte se auzea Rita, câinele de vânătoare al tatei, care lătra cu nerv de parcă ar fi vrut să alunge un necunoscut. Tata ieșea grăbit și parcă supărat că a venit un străin în curte. Se făcea o liniște totală în casă, iar noi amuțeam simțind emoția clipei. Din curte se auzea glasul tatei vorbind și invitând în casă pe cineva: *„Poftește Moșule, poftește că avem copiii aici, care te așteaptă. Da, au fost cuminți!"* Și Moșul abia putea să meargă, era bătrân cu o barbă albă și cu niște sprâncene albe și stufoase cum nu mai văzusem noi. Avea și o șubă de blană de oaie mare și lățoasă, o căciulă la fel de mare și groasă și un ciomag mare și noduros, dar în spate purta, cu multă greutate, un sac plin, plin... Moșul era invitat în camera ce abia atunci o deschidea tata. Noi pășeam în urma Moșului, intrând în camera în care se afla bradul încărcat cu beteală, cu beculețe, cu lumânărele colorate și câte și mai câte minunății... Din sacul Moșului ieșeau la iveală, parcă, niște pachete ambalate în hârtie colorată și multe alte minuni pe care doar imaginația noastră le putea ghici. Moșul era primit cu multă bucurie, respect și dragoste de toți ai casei. Mama părăsea și ea pentru o clipă bucătăria, tata și nenea Nicuță lăsau focul mai mic la grătar iar tanti Dora și tanti Jeni, pe post de corepetitoare cu noi, deveneau gazde amabile ale Moșului. Noi ne refugiam spre soba de teracotă încinsă cu un foc bun, și ne frământam mânuțele și ne mușcam buzele tremurânde de emoție. Dar Moșul era bun! Se așeza pe scaunul oferit de tata, lângă bradul deja împodobit de spiridușii Lui. Camera în care era bradul era închisă cu cheia în cursul zilei de Ajun sub motiv că spiridușii Moșului trebuie să o găsească liberă pentru a aduce bradul. Noi păzeam și tot încercam să verificăm clanța, sperând să găsim ușa descuiată. Dar regula nu se încălca, pentru că Moșul s-ar fi supărat și nu ne mai aducea nici bradul, nici darurile! Plini de speranță că nu l-am supărat pe Moșul, așteptam să primim darurile lui. Moșul, după ce se așeza cu greu pe scaunul oferit de tata, mai punea cu greu sacul jos și apoi tata și nenea Nicuță îl îmbiau cu un pahar cu vin și pișcoturi pregătite de mama. Moșul nu refuza dar era dornic să asculte și poeziile spuse de noi copiii. Acum începea spectacolul nostru care pentru părinți era deliciul serii și chiar al sărbătorilor, dar pentru noi era o emoție și un calvar. Am spus fiecare cum am știut mai bine poezia și cântecelul, mai ajutați de mămici, mai sărind câte o strofă, doar să scăpam mai repede, căci Moșul era bun, și nici nu prea auzea bine, iar din ce auzea și cât auzea era mulțumit. Singurul care era cu privirea iscoditoare și cu mintea ageră, ce dovedea că îl impresionează acest Moș, era Vian. El privea foarte atent la îmbrăcămintea Moșului și la comportamentul lui. Noi eram așa de emoționați că nu prea mai vedeam bine nimic, dar să mai iscodim înfățișarea Moșului. Vian fiind de numai trei ani era emoționat dar avea un curaj și o curiozitate care depășea nivelul nostru. El și-a spus poezia, apoi cântecelul, și la întrebarea Moșului despre cum s-a luptat el cu lupul din povestea Scufiței Roșii, a povestit gesticulând cum l-a pus jos pe lup și apoi l-a alergat cu câinele lui *„fimos"*. Moșul știa multe întâmplări ale lui Vian cu ursul, cu calul *„Fiuri"* și câte alte întâmplări pe care le auzea în poveștile spuse de mama, seara la culcare, dar pe care el a doua zi le trăia, transpunându-le în realitatea trăită de el. După ce a povestit cu multă însuflețire despre luptele cu lupul, cu ursul și altele, a primit darurile, dar ochii lui nu l-au slăbit pe Moșul. Când era spectacolul în toi și Moșul mai cinstea un păhărel cu tata și cu nenea Nicuță, Vian s-a repezit ca un fulger spre Moșul, cu tot curajul și naivitatea vârstei, i-a smuls barba, dar a rămas în mănuță doar cu o bucată de vată desprinsă de pe masca de carton. Masca fiind realizată din vată lipită pe carton, s a cam deranjat dezvăluind o parte din fața și barba lui nenea Jane. Cu tot avântul Vian a strigat victorios: *„A, ești nenea Jane că ai ochii ca el și desen pe mână! Și mustățile sunt de vată!"*. Moșul s-a ridicat cu mai multă iuțeală decât s-a așezat și a plecat grăbit motivând că mai are și alți copii. Doar a ieșit pe ușă Moșul, că noi copiii am și pornit bucuroși și curioși să vedem jucăriile primite. Vian în timp ce-și scotea pușca și tractorul de jucărie primite și-a exprimat nedumerirea cu privire la Moșul: *„Cred că era nenea Jane că avea desenul acela pe mână și avea și mustăți de vată"*. Era adevărat că nenea Jane avea pe mâna dreaptă, chiar deasupra degetelor, un tatuaj. Bănuiala lui Vian, doar pe el l-a pus pe gânduri zile în sir. Noi ceilalți copii, am primit sosirea Moșului încărcat de jucării ca pe un binemeritat moment al sărbătorilor de iarnă. Nu ne-am pus întrebări și nu ne-am arătat nedumerirea. Vian însă, era mereu în căutare de întrebări și cerea răspunsuri. Oricâte lămuriri primea de la tata ori de la nenea Jane, el era mereu în pregătirea unei alte întrebări pe care o scormonea cu mintea lui mică dar mult cuprinzătoare. De atunci Moșul a venit în fiecare an la toți copiii și desigur și la noi, dar și-a schimbat ora sosirii. A venit noaptea când dormeam, căci erau mulți copiii care-l așteptau și El avea multe case de vizitat... Vorba lui Eminescu:

„Copii eram noi amândoi,
Frate-meu și cu mine,
Din coji de nucă car cu boi
Făceam și înhămam la el
Culbeci bătrâni cu coarne.

....

Ah! V-ați dus visuri, v-ați Dus!

. ...

Eu? Mai este inima-mi
Din copilărie?” ref_2

Noapte bună vreme a copilăriei... Decembrie 2013

La petrecerea din acea seară s-au servit la masă, pe lângă tradiționalii cozonaci și plăcinte cu brânză, garnisite cu bilețele scrise de gospodine, denumite răvașe.

Mama pregătea acest aluat în câteva minute și apoi punea la copt cea mai parfumată plăcintă cu brânză, înmiresmând toată casa cu parfumul dulceag al vaniliei.

Aluat Franțuzesc cu unt

Ingrediente:

- 250 g. de făină
- 250 g. de unt
- jumătate linguriță cu sare
- lingură cu oțet
- un pahar cu apă minerală ori sifon
- nucă mică (o linguriță) de drojdie proaspătă (sau o lingură de bicarbonat stins în oțet)

Preparare:

Se pune făina cernută într-un castron, se face o scobitură la mijloc unde se toarnă apa, sarea, oțetul. Totul se amestecă bine, se bate până se face o cocă consistentă. Pe planșeta presărată cu făină, se lucrează repede cu mâna, această cocă întinzându-se cu sucitorul o foaie dreptunghiulară, groasă de un deget. Peste foaie se așază untul, care trebuie să fie proaspăt și tare. Se întinde peste aluat lăsând marginile goale. Apoi se împăturește ca un plic începând cu latura de sus, pusă peste latura de jos, apoi latura de la stânga pusă peste latura de la dreapta. Se pune la rece pentru un sfert de oră. După aceea, se întinde cu sucitorul o foaie dreptunghiulară groasă, tot de un deget. Se împăturește de data aceasta astfel: latura de la dreapta peste cea de la stânga și partea de jos peste cea de sus. Se lasă la rece 20 de minute. Lucrat în felul acesta, aluatul se va desface în foi. Un procedeu mai simplu, din experiența mea, este să rulam foaia de cocă, precum am rula un jurnal, apoi capetele le punem unul peste altul. Se procedează în trei reprize, la interval de 10 min. De reținut că după fiecare împachetare, coca se lasă la rece timp de 10 min.

Se întinde o foaie dreptunghiulară, după ce expiră timpul celor trei reprize, si se taie in pătrate de 5 cm pe 5 cm, care se umplu cu brânză amestecată cu zahăr și vanilie, îmbogățită cu unu sau două ouă. Se coc la foc iute. De reținut că tăiatul acestor pătrățele se face numai cu lama cuțitului încins în foc, ori înmuiat în apă clocotită.

Aluat Franțuzesc cu osânză

Ingrediente:

- 500 g. de osânză dată prin mașina de tocat carne
- un kilogram făină
- un pahar mare de apă minerală (sifon)
- jumătate de linguriță de sare
- linguriță cu oțet
- un praf de copt ori o linguriță de drojdie proaspătă (25g.)

Preparare:

De la bun început se împarte făina în doua părți: 800 g. pentru aluat și 200 g. pentru umplutură.

Din cele 800 g. de făină se prepară un aluat fraged ca la rețeta mai sus menționată. Deosebirea este că în loc să se utilizeze unt, se va utiliza ca umplutură osânză. Astfel, cele 200 g. de făină se amestecă bine cu cele 500 g. de osânză. Se întinde o foaie dreptunghiulară și se umple cu această compoziție. Împachetările urmează același procedeu și aceiași timpi. Aluatul se dă la rece după fiecare rulare.

Coacerea se face la foc iute cu cuptorul bine încins din timp.

Se poate umple și cu cremă de vanilie. Se coc două foi separat, pe dosul tăvii de aragaz, dar atenție: se taie în pătrățele înainte de a le pune la copt. Se prepară crema de vanilie, și se pune între pătrățelele de aluat coapte. Se pudrează cu zahăr farin.

Este un cremșnit foarte gustos, dar cu multă migală realizat. Este indicată umplutura cu brânză, care merge cu orice băutură și pentru gustul atât al copiilor, cât și al celor maturi.

Cremă de vanilie

Ingrediente:

- un kg de lapte fiert și răcit
- 5 linguri de zahăr tos
- 5 gălbenușuri
- Un baton de vanilie, din vremea bunicii, ori 2 pliculețe zahăr vanilat
- 5 lingurițe de făină

Preparare:

Se freacă gălbenușurile cu zahărul, până se topește zahărul. Se adaugă făina ușor apoi se picură laptele. Se amestecă bine și se trece castronul cu această compoziție pe un vas cu apă clocotită, adică baie de abur. Se amestecă ușor pe focul mic la baia de abur, până se îngroașă crema. Când are o consistență de aluat gros ca smântâna, se înlătură de pe foc și se lasă la rece. Cu crema de vanilie se umplu cele mai rafinate aluaturi.

Moș Crăciun din Vatra-Dornei

Era în iarna anului 1975, când în Gara Craiovei a sosit Moș Crăciun din Vatra-Dornei. În mod sigur că Moș Crăciun a venit de mii și mii de ori în toate casele, în toate orașele și în toate localitățile pământului, sosind cu sania trasă de reni, pe nămeți, ajungând în casele tuturor copiilor. În iarna anului 1975 fratele meu Viorel și soția lui Olguța erau tineri absolvenți ai facultății, el al Conservatorului, ea a Politehnicii din Iași. Sosiseră la Craiova cu repartiție guvernamentală, fiind angajați în câmpul muncii, fiecare după specialitatea lui. El era solist instrumentist la Filarmonica Oltenia, ea era ingineră la Fabrica de Confecții Craiova. Locuiau într-un bloc modest, dar erau tineri, fericiți și se iubeau la nebunie! Dumnezeu le încununase iubirea cu o zgâtie de fetiță, Alina, de o frumusețe și drăgălășenie deosebită. În iarna aceea micuța Alina era cam de doi anișori, ori pe aproape, încât înțelegea bine ce înseamnă Moș Crăciun. Tata și mama erau bunicii din Oltenia, dar Alina avea și bunicii din Vatra Dornei, pe Tanti Caliope și nenea Mitruț. Tata pregătise sărbătoarea Crăciunului cu porcul tăiat și preparatele oltenești obținute din carnea lui, cu darurile pentru cea mică și cu multă bucurie. Tanti Caliope și tanti Maria, cele pe care Dumnezeu le dăruise cu cel mai înalt merit de a fi mame și bunici, participând la creșterea nepoatei lor Alina, se pregăteau de serbarea Crăciunului cu preparatele moldovenești, cum ar fi Alivancă și Cozonacii Moldovenești. În ajunul serii de Crăciun a sosit un telefon de la nenea Mitruț, bunicul de la Dorna. Anunța să fie așteptat la gară în Craiova, deoarece sosește și are bagaj greu. Mare bucurie și multă agitație! Vine Bunelul de la Dorna! Am mers la gară și eu, alături de Olguța și Viorel. Când a intrat trenul Rapid Traian în gară, a tras la linia întâia, iar de pe scara unui vagon, primul călător care a coborât aproape din mersul încetinit al trenului, a fost Moș Crăciun din Vatra Dornei! Un bărbat ca un brad din pădurile seculare ale Bucovinei, încotoșmat cu o șubă de vânător îmblănită cu blănița mielului țurcan, purtând în spate o raniță kaki de vânător, încărcată cu greutatea unui porc mistreț din cei mai de soi, iar ca o cunună a greutății ce o ducea, avea legat de rucsac, un brad imens, un brad cum numai în poveștile cu zâne poți vedea. Iar ca peisajul să fie complet, Moș Crăciun se lupta și cu o canistră de 25 litri cu un vin din cele ale Vrâncioaiei, ori ale lui Ștefan Voievod. Ochii mei au rămas încremeniți, pentru că era un moment în care parcă lumea se întorsese într-o altă dimensiune a timpului. Era dimensiunea unor oameni care se deosebeau de lumea noastră, a oltenilor, a regățenilor. Ei, bucovinenii sunt altfel și totuși la fel cu noi toți! Scena revederii cu Olguța a fost un unicat în priveliștea acelor momente. Olguța când l-a zărit pe tatăl ei pe peronul gării, nu a mai avut o altă țintă decât să fugă în brațele lui vânjoase...

Brațe care au cuprins-o cu toată dragostea din lume, aruncând iute canistra din mână. Abia a prins-o ca din zbor, Viorel, fratele meu. Era o lungă îmbrățișare între tată și fiică... Era un Moș Crăciun ce–și purta greutatea darurilor în spinare, dar dorul după fiica lui era cu mult mai greu și mai apăsător... O spuneau brațele lor care se strângeau scurt și intens; vorbeau ochii lor care se priveau înlăcrimați, și tăceau gurile lor *„căci limba boului e lungă, dar nu poate a grăi"*, spune un vechi proverb bucovinean.

Ajunși acasă, a fost o seară a surprizelor. Bunelul de la Dorna avea câte o surpriză pentru fiecare. Surprizele erau împachetate și puse prin cele mai neașteptate colțuri ale rucsacului. Cum a intrat în casă, primul lucru a fost să dea rucsacul jos din spate. Abia a reușit Viorel și cu tata să-l ridice din spatele lui nenea Mitruț. Apoi a urmat scoaterea bradului din cingătorile cu care fusese legat. Bradul era un copac de dimensiunile unuia bun de pus în Piața publică. Nu mai văzusem un brad atât de înalt și de bine proporționat ca acela! Așezarea lui în sufragerie și împodobirea a fost un spectacol. Avea atâtea crengi și crenguțe încât nu încăpeau în lărgimea unei sufragerii de bloc socialist. Dar parfumul de rășină de brad și strălucirea globulețelor împodobeau, încununau frumusețea serii de Ajun de Crăciun! Bietul nenea Mitruț, avea tot felul de bilete de *„liberă circulație"* și chiar chitanța de plată către Ocolul Silvic Dorna, ca să poată să circule cu un așa brad. În acest timp în care noi contemplam bradul în sufragerie, femeile, adică gospodinele casei, la bucătărie au început despachetarea porcului mistreț, a brânzei de Dorna, a șvaițerului, a smântânii și câte și mai cate... Moș Crăciun de la Dorna părea neinteresat de modul în care despachetau femeile bagajele, dar doar părea, căci el trăgea cu ochiul din când în când și spre bucătărie. Tata îl tot ademenea cu un șpriț și el nu refuza, ba spunea: *„măi Segiulică, măi, tare departe mai ești tu di mini... Măi ce vânătoare aș faci eu cu tini, măi..."* Tata când auzea, el care fusese în tinerețe un bun vânător, mai umplea un pahar cu șpriț și visa: *„la iarna cealaltă, vin eu la Dorna măi Mitruț și facem o* *vânătoare pe cinste"*. Și uite așa, bărbații mai visau, mai udau visele cu un șpriț, dar Moș Crăciun de la Dorna era cu un ochi și pe la bucătărie. Avea el pe acolo, prin buzunarele și buzunărașele rucsacului tot felul de minuni. Femeile ocupate cu pusul cărnii la rece, nu au scotocit buzunarele rucsacului. Și totuși Moș Crăciun și-a pierdut răbdarea și, așa ca din vorbă-n vorbă, a întrebat: *„dar altceva prin rucsacul cela, nu s-o găsit?"* Abia atunci a înțeles tanti Caliope unde bate Dumnealui cu vorba, pentru că era soția dânsului și-i cunoștea metehnele și snoavele. S-au dus femeile iar la bucătărie, au scotocit buzunarele rucsacului și de acolo se auzeau chicotind de bucurie. Noi toți am dat năvală în mica încăpere a bucătăriei, unde era lumea cadourilor și a bucuriei. Fiecare avea un pachețel cu numele celui destinat scris pe un cartonaș și în el câte ceva simbolic, dar frumos. Undeva era un pachețel greu, greu. Ce să fie? Până să se desfacă hârtia ambalajului, fierbeam toți. În sfârșit, gata s-a îndepărtat ambalajul! Era o pușculiță în formă de porc, din material plastic. Acolo Bunelul de la Dorna adunase pentru Alina o surpriză. Pușculița era plina cu monede de trei lei. Era o modalitate care la vremea aceea reprezenta un mijloc simplu de a economisi o sumă pe care o destinam cu toții vacanței de vară... Surpriza era de 3000 de lei! Erau bani mulți pentru acea vreme. Reprezentau cam două salarii și ceva! Ne-am serbat bucuria serii cu o prăjitură preparată de tanti Maria și udată din plin cu vinul adus de nenea Mitruț din ulcioarele Vrâncioaiei. Prăjitura se numea Alivancă și ne-a fost prezentată ca fiind un preparat specific moldovenesc. Mie mi-a plăcut foarte mult dar nu am cerut rețeta atunci, iar peste ani când am dorit s-o prepar și eu, nu am mai găsit autorul. Tanti Maria plecase într-o lungă călătorie pe malul Dunării, în superbul oraș Galați, acostând vaporul vieții ei în Eternitate... Pentru că nu am uitat parfumul acelei seri de iarnă, precum nici al gustului Alivencei, m-am străduit și am găsit rețeta.

Alivancă

Ingrediente:

- 400 g. de brânză de vacă
- 4 ouă
- cană cu zahăr
- 4 linguri mălai
- 2 linguri făină de grâu
- 2 linguri smântână
- lingură de unt
- un praf de copt
- ceașcă de smântână pentru servit la masă

Preparare:

Se freacă într-un castron, brânza cu zahărul până devine o pastă, o cremă. Se adaugă pe rând gălbenușurile, mălaiul, făina, praful de copt, smântâna, untul și albușurile bătute spumă cu un praf de sare. Se tapetează tava, se toarnă compoziția și se dă la copt la foc potrivit până creste. Apoi se mărește focul până prinde culoarea maronie.

Se servește caldă ori rece cu smântână. Oltenii o savurează fără smântână, doar însoțită de un păhărel cu șpriț.

Chiar dacă am așternut pe altarul rețetelor o frumoasă și bună expresie a cozonacilor regățeni, nu pot să nu-mi amintesc de minunații cozonaci moldovenești, preparați de tanti Maria. Par a fi tot cozonaci ca oricare alții și totuși sunt foarte speciali. Să-i savurăm!

Cozonaci Moldovenești

Ingrediente:

- 2 kg de făină
- 20 de ouă proaspete
- un litru de lapte
- un kg de zahăr farin
- 100 g. de drojdie proaspătă
- un vârf de cuțit cu sare
- mirodenii: zahăr vanilat, rom sau esență de rom, coajă rasă de lămâie
- 100 g. de stafide
- 500 g. de unt (margarină)

Preparare:

Se țin toate aceste produse la căldură. Se moaie drojdia în puțin lapte îndulcit, se amestecă cu o lingură de făină și se lasă să crească (maiaua). În acest timp se opărește o jumătate de kilogram de făină cu un sfert de litru de lapte fierbinte, amestecând bine până devine ca o cremă. Se lasă să se răcorească puțin, apoi se amestecă cu drojdia crescută (maiaua). Se bate bine cu telul ori mixerul, până face bășici. Apoi se pune la crescut la cald.

În timpul acesta, cât dospește plămădeala, se freacă gălbenușurile cu puțină sare și cu zahărul farin, până se albesc și nu se mai simte zahărul. Se adaugă două linguri de Rom (băutura alcoolică de preferat, dar merge și esența de rom).

Când plămădeala a crescut bine se pune într-un lighean, un vas încăpător și se amestecă cu gălbenușurile, cu restul de lapte, și cu restul de făină. Se începe frământatul propriu zis, adăugând albușurile de la 10 ouă, bătute spumă și stafidele spălate și ținute o jumătate de oră într-un pahar cu apă. Se adaugă în continuare, mirodeniile. Când s-au terminat toate produsele, se frământă mai departe aluatul cu untul topit, aducând coca de la stânga și de la dreapta spre mijloc, cu mâna unsă cu untul călduț. Se bate bine aluatul până se desprinde de pe mâini și devine spumos și ușor. Se așază vasul pe o pernă și se acoperă cu o față de masă și cu un pled de lână. Se lasă la crescut timp de 2-3 ore. Se amestecă într-o ceașcă 50 g. de unt tare cu 50 g. de zahăr și se ung formele de cozonaci.

După ce aluatul a crescut se taie câte o bucată, se mai frământă puțin, se pune în fiecare formă atât cât s-o umple pe jumătate. Se mai lasă la crescut, acoperit și la loc cald, până se umplu formele. Se ung cu gălbenuș și se coc la cuptor, întâi la foc moale, apoi potrivit. Coacerea durează aproximativ o oră.

Acest cozonac este cu adevărat o prăjitură fină!

Cozonaci Pufoși

Ingrediente:

- 1 Kg făină albă (uneori câteva sute de grame în plus în funcție de umiditatea făinii)
- 500 ml. de lapte
- 50 g. de drojdie proaspătă
- 8 ouă proaspete
- 350 g. de zahăr
- 200 g. de unt (ori 350 ml de ulei din cel mai fin)
- Mirodenii: esență de rom, vanilie, coajă rasă de lămâie și portocală

Umplutura:

- 8 albușuri (gălbenușurile se folosesc la prepararea aluatului)
- 300 g. de zahăr
- 250 g. de miez de nucă ușor prăjit și apoi măcinat
- 3 linguri de cacao
- esență de rom

Preparare:

Se pune într-o cană cu lapte cald 3 linguri cu făină. Se freacă bine să nu facă cocoloașe, apoi se adaugă drojdia și o lingură rasă cu zahăr. Totul se amestecă bine și se lasă să se dospească la loc cald.

Într-un vas se pune zahărul spre dizolvare în cele 500 ml. de lapte. Se pregătește castronul mixerului în care se pun câteva linguri de făină și drojdia gata dospită, mirodeniile necesare, un vârf de cuțit cu sare și se începe operația frământării. În continuare se adaugă cele 500 ml. de lapte călduț și îndulcit cu cele 350 g. de zahăr, puțin câte puțin. Se mai stropește cu câte o lingură de făină și câte un strop de unt topit, ori de ulei, dacă ați optat pentru a folosi uleiul, precum se mai adaugă și câte un gălbenuș de ou. Când se încorporează toată făina și uleiul ori untul, precum și toate cele 8 gălbenușuri, aluatul se frământă bine încă 10 minute pentru a prinde aer și a spori puterea de creștere. Operația aceasta durează 30 minute. Se acoperă vasul cu un prosop alb și se lasă la dospit 50-60 minute, la loc cald și ferit de curent (ideal este cuptorul aragazului încălzit la 50 până la 80°C și întrerupt.)

În timpul acesta pregătim umplutura: Batem albușurile spumă, adăugăm zahărul, cacaua, esența de rom și nuca. Putem folosi la umplutură și rahat multiplu colorat sau stafide.

După cele 50-60 minute, verificăm aluatul. Dacă și-a dublat volumul, este bine crescut, trecem la operația de umplere și așezare în tăvi pentru coacere. Aluatul se scoate din vas pe planșeta de lemn, unsă cu o lingură de ulei cald la temperatura camerei. Se împarte în 4 părți egale pentru 4 tăvi de mărime normală. Dacă sunt mai mari tăvile, atunci se echilibrează cantitatea de așa manieră să încapă aluatul în ele. Tăvile se ung cu ulei și se tapetează cu hârtie pentru copt. Se ia fiecare cantitate de cocă stabilită pentru fiecare tavă, se frământă puțin pe planșetă, apoi se întinde cu mâna într-un pătrat pe care punem umplutura preparată. Se rulează și pune în tavă cozonacul astfel format, se unge cu un ou frecat ușor cu o lingură de lapte și câteva picături de ulei. În acest moment tava trebuie să fie pe jumătate plină. Se presară câteva granule de zahăr tos și se pun cozonacii la loc cald să crească aproximativ până la marginea tăvii. Când s-a ajuns la această dimensiune se începe operațiunea de coacere. Se încinge cuptorul la 150°C, apoi către final la 200°C. Pentru a nu se arde fața, se protejează cu o hârtie de copt. Acest fapt se realizează după ce am constatat că s-a format deasupra o crustă frumoasă și rumenă. Coacerea durează 50 min, ori chiar 60 min. Se face verificarea cu andreaua. Odată copți, cozonacii se scot pe planșetă cu hârtie cu tot. Hârtia nu se înlătură până când cozonacii nu se răcesc complet! Se acoperă cu un pled călduros şi se ţin într-o cameră caldă până la răcirea completă. Altfel se pot încruda, sau cum spunea bunica mea: *„se întorc"*.

Poftă bună! Şi nu uitaţi: Dacă vei trata cozonacul ca pe o cocă de pâine, vei obţine o pâine dulce numită cozonac. Dar dacă vei trata cozonacul ca pe cea mai fină prăjitură, vei obţine un cozonac fin, delicios, delicat.

Ardei copți

Vara este o plăcere să asortăm la orice fel de aperitiv ori mâncare scăzută, minunata salată de ardei copți. Nu este nici o filosofie să pui la foc pe tăblia metalică câțiva ardei grași (verzi, cum se mai numesc la olteni) și după ce sunt bine pârpăliți la focul iute, sunt decojiți de pielita arsă și puși într-un castron de porțelan, unde sunt îmbibați cu un sos format din ulei, apă, oțet și un praf de sare. După gust se mai poate adăuga și un cățel de usturoi pisat.

Era în vara anului 1975 când a sosit la Craiova nenea Mitruț. Eu o ajutam pe mama la bucătărie în pregătirea prânzului ce avea să fie servit la noi în curte, sub umbra și răcoarea viței de vie. Mama mi-a încredințat mie pregătirea salatei de ardei copți. Eu mă luptam cu dogoarea focului și cum smulgeam din iadul lui câte un ardei, îl și aruncam într-un vas cu apă rece, unde se răcoreau vinovații de ardei, iar pielita lor fină se zbârcea, în timp ce eu mă chinuiam să o curăț. Nenea Mitruț a intrat să vadă ce fac și cu ce mă poate ajuta (fie spus în paranteză – simțeam că avea un sentiment părintesc pentru mine). Văzând cum mă chinuiam cu acele pielițe negre, lipicioase greu de decojit, mi-a dat un sfat: *„încearcă să pui ardeii, după ce-i coci, într-un vas acoperit în care doar arunci un praf de sare peste ei. Să-i lași câteva minute să se aburească și abia atunci să-i curăți de coajă."* Am urmat acel sfat toată viața mea. Operațiunea de curățire a pielițelor devine foarte ușoară. Așa de mult mi s-a imprimat în minte acel sfat, încât nu este prilej cu care pregătesc această salată, să nu-mi treacă precum un fulger, prin gând, amintirea lui nenea Mitruț.

Peste ani, eu eram plecată din oraș, pentru că așa este viața, plină de meandre precum malurile unui râu, când nenea Mitruț a făcut o ultimă vizită la Craiova. O criză de ulcer i-a provocat un mare necaz al sănătății, dar nu a acceptat să fie operat de urgență la Spitalul din Craiova. El avea încredere într-un singur medic chirurg, acela de la Spitalul din Vatra Dornei, unde lucra și el, fiind cadru medical. De acel medic îl lega și o frumoasă prietenie. Deci a plecat la volanul „Dăciuței" cu care venise, străbătând țara din sud, din Câmpia Română până în nordul Moldovei, în mănoasa Bucovina. Acolo și-a încredințat trupul în mâinile celui în care a avut încredere... Brazii seculari din pădurile Bucovinei se tăiau în timpurile apuse cu un ritual, adică se folosea securea cel puțin la primele lovituri în tulpină. Apoi putea fi utilizat joagărul, dar primele tăieturi erau date numai de topor. Așa era serbată sau respectată suprimarea vieții acelui brad. Pentru că viața omului este ca și a pomului... Nenea Mitruț era ca un brad, voinic și vesel. Iubea viața și o trăia cu intensitate.

Într-o zi de iarnă, cu zăpadă troienită pe toate cărările, cu ninsori ca-n basme, cu fulgi mari în formă de steluțe argintii, a căzut un brad... a cărui inimă atât de mare și de puternică, și-a oprit rotițele... Nimeni nu a putut să-l mai aducă în lumea noastră caci el s-a grăbit să plece în lumea lui din satul Drăceni, situat în creierul munților, în inima Bucovinei. Ajuns acolo a fost întâmpinat de Dumnezeu, întruchipat în făptura tatălui său a cărui barbă albă era răsfirată pe pieptul lui bătrân, unde se zarea Crucea răstignirii Celui Sfânt... Îmbrăcat în portul popular cel din strămoși, cu ițari din dimie și cojoc de oaie bârsană cu firul lung și des, iar capul acoperit cu „cușmă" de miel, bătrânul părea sosit din vremuri demult îndepărtate... Poate din vremurile dârzilor daci... Când a auzit scârțâitul zăpezii sub talpa drumeților ce urcau greoi, purtând povara trupului încremenit în timp pe drumeagul îngust al potecii de munte, Bătrânul a icșit în pragul casei lui, și-a făcut o cruce mare cu mâinile lui îmbătrânite și vlăguite de timp. L-a întâmpinat pe fiul lui, Mitruț, unul din cei șapte câți îi dăruise Dumnezeu... Cu fața încremenită de durere, fără tânguire, cu o adevărată bărbăție, a șoptit doar ca pentru sine un singur reproș: *„Mitru, de ce? Era rândul meu acum să plec!"*. Acestea au fost singurele vorbe ce le-a avut de spus. Apoi și-a clădit o tăcere a lui, într-o demnitate absolută în fața morții. Doar dacii lui Decebal au mai clădit așa caractere, lăsându-și soarta în mâna lui Zamolxis.

„Zamolxis, Stăpâne iubit,
Apleacă-ți privirea albastră
Spre neamul de fier și granit,
*Deschide-ne-n Ceruri fereastra..."*ref 3

Si povestea secretului dacilor neînvinși este :

„Vei descoperi că zeii olimpieni coborau din Hiperboreea, din Carpați. Manseas din Patrae, Diogenes Laertios și Kesychius sunt în deplin acord când afirmă că Zamolxis este însuși Kronos (Saturn). Strabo îl numește pe Saturn, Zeul Daciei – Omul. Nu ți se pare că ceva sună foarte misterios? Silaba sacră din Upanișade – OM? Silaba cu care se șterg păcatele, se atinge eliberarea și se obține bogăția?

… … … … . .

Din OM au luat ființă zeii,

Din OM au luat ființă aștrii

Din OM – tot acest Univers...

… . . Hesios ne spune că Saturn – Omul s-a născut din unirea zeiței Geea (Pământul) cu cerul (Uranus). Acesta e secretul pe care trebuie să-l pătrunzi. Pentru că e un mesaj cifrat privind originile Hiperborei. Voi trebuie să lămuriți secretul! Voi carpaticii. Singurii care ați păstrat silaba OM nealterată pentru a vă desemna pe voi înșivă. Voi care aveți un munte denumit Omul. Voi care sunteți coborâți din Varanha. Voi care trăiți în leagănul civilizației umane. Nu uita că există o lege a întoarcerii la origini! Acolo unde e comoara, puterea, forța,

inteligența, intuiția. Acolo e totul. Primul mesaj al Cerului..."ref_4

Mesaj scris în cuvinte de Pavel Coruț dar prezent în mintea și sufletul omului trăit în libertatea și frăția muntelui.

De atunci au trecut multe ierni și au nins multe ninsori care au fost topite de căldura multor veri... Undeva într-un colț al Grădinii Maicii Domnului se odihnesc multe trupuri obosite de lungul și greul drum al Vieții... Când un nor alb se ridică pe bolta senină a cerului, trecând ușor ca o adiere de vânt printre ramurile înmugurite ale brazilor, atunci și numai atunci sufletele plecate își rătăcesc preumblările sfințind și împăciuind lumea pe pământ, alinând dorul și ștergând lacrimile. Într-o zi de primăvară am zărit pe biroul fiicei lui nenea Mitruț, o ramă mică ce încadra o fotografie. Alături era o vază la fel de mică din porțelan, încărcată cu un buchețel de viorele și toporași. Floricelele păreau puțin ofilite, poate din pricina diferenței de temperatură din casă față de cea din pădure. Fiica celui a cărui fotografie străjuia rama, a șoptit cu sfială și parcă cu vinovăție, ca pentru sine: *„E supărat tata! S-au ofilit florile..."*

Vârful Omul, din a cărui tărie, în fața nemilosului vânt Dumnezeu a luat o părticică, dăruind-o ca ofrandă omului trăit la munte, străjuiește de veacuri cununa Munților Carpați. Creatorul a împodobit vârfurile munților cu floricelele pământului, precum a îmbogățit Cerul cu strălucirea stelelor! De aceea l-a îmbogățit și pe om cu puterea înțelegerii semnului de tristețe ori de bucurie, în comuniunea frăgezimii floricelelor pământului cu peregrinarea sufletului...

Iulie 2014

Povestea Bisericii din Valea Roșie

Părintele Albu slujește la cea mai modestă biserică din Craiova, situată într-un cartier mărginaș, numit Valea-Roșie. Spun că biserica era cea mai modestă, pentru că la vremea începuturilor acelor slujbe, era un teren viran situat la marginea orașului Craiova, un teren pe care se aruncau tot felul de gunoaie, creșteau buruieni și munți de rebuturi de materiale de construcție. Acolo Preotul Albu a avut curajul omului ce știe să sfințească locul, după cum spune o veche vorbă din popor și, a apelat la locuitorii cartierului consultându-i asupra posibilității zidirii unei Case a lui Dumnezeu unde să-și cunune copiii, să-și boteze nepoții și apoi să se pregătească pentru marea călătorie în lumea umbrelor și a tăcerii veșnice. A fost un vis pe care toți locuitorii acestui cartier îl aveau de ani și ani. Nimeni nu-i ajuta în acest sens. Propunerea Preotului Albu a fost balsamul sufletului lor. Mitropolia Olteniei a acceptat o astfel de construcție dar a avertizat că nu posedă fonduri atât de mari încât să se angajeze într-o așa lucrare. Le-a promis totuși, un sprijin. Cu aceste promisiuni și cu dorința fierbinte a inimoșilor locuitori ai cartierului Valea Roșie, preotul Albu a pornit precum Meșterul Manole în zidirea măreței Mânăstiri de la Curtea de Argeș. Pentru început s-a ridicat o mică biserică construită din lemn. Modestă, dar plină în fiecare duminică. Veneau locuitorii cartierului, dar rând pe rând au început să vină din toate colțurile orașului zeci și zeci de credincioși ortodocși. Se dusese vestea că Preotul Albu slujește minunat și apoi ține o frumoasă cuvântare. Toți așteptam acea cuvântare cu înfrigurare! Preotul Albu ne spunea lucruri pe care noi, generația care nu am studiat Religia, le auzeam pentru prima dată. Ne îndumnezeia! Ne simțeam ca botezați pentru a doua oară în credința noastră, a poporului acesta care a fost îngenunchiat, umilit, furat, înșelat, deportat în pusta siberiană, dar un singur lucru nu au reușit forțele răului asupra noastră! Nu ne-au putut lua credința în Dumnezeu. Pe aceasta am avut-o ascunsă în inimile noaste, în rădăcinile noaste și am păstrat-o cu sfințenie. Nici semnul crucii nu l-am putut face atunci când cugetul ni-l cerea, dar limba și cerul gurii erau în stăpânirea noastră. Acolo ne-au învățat bunicii să ne facem semnul crucii! Și am înfruntat greutățile... Părintele Albu în multele învățături bisericești către enoriași, spunea că nu sunt necesare a fi aprinse zeci și zeci de lumânări, ci una pentru cei vii, și una pentru cei morți, sau mai bine spus, pentru cei mutați de la noi. Nu contează numărul lumânărilor, ci încărcarea emoțională cu care sunt aprinse acele lumânări. Dumnezeu nu numără lumânările ci primește ruga și emoția cu care au fost pomeniți cei cărora le facem pomenirea.

Despre lumânările aprinse pentru sănătatea și binele celor vii, Părintele Albu spunea că un gând bun și un cuvânt de iertare cerut pentru cel căruia i se oferă o lumânare, ajunge și dincolo de Ocean precum și în apropierea ta, dacă o faci cu tot sufletul și sinceritatea ființei tale. Totul este să știm să iertăm și vom fi iertați de noi înșine, de semenii noștri, iar la Înalta Judecată și de Creatorul tuturor, Dumnezeu.

Într-una din zilele în care Părintele Albu își exprima mulțumirea pentru marea de oameni care se aduna și se tot aduna în curtea micuței biserici, zeci și zeci de oameni care până la finele slujbei deveneau o sută, două sute și cine mai știe câți, Părintele are inspirația să ne vorbească despre cum trebuie un părinte să-și pregătească și sfătuiască copiii atunci când întâlnesc omul iubit și potrivit și vor să se căsătorească. Era luna septembrie, vremea când încep nunțile. Părintele a considerat că trebuie să știe fiecare părinte ce are de spus în fața copilului său. Noi toți stăteam cu suflarea întretăiată pentru că aflam lucruri care nu ne-au fost spuse de nimeni. Desigur nici părinții noștri nu le știuseră. Cincizeci de ani de comunism au însemnat și plecarea multor preoți în negura pușcăriilor, iar cei ce mai rămăseseră în libertate erau timorați și reduși la tăcere. Alții făcuseră pactul cu Diavolul și deveniseră turnătorii celorlalți. Așa nu a mai avut nimeni curajul să vorbească tinerilor. Doar câte o băbuță, abia sprijinindu-se într-un ciomag noduros, clătinându-și corpul împuținat, firav, mai spunea câte o vorbă și dând din cap a nemulțumire, pleca bolborosind *„nu este bine, este păcat"*. Dar cine s-o asculte?

A venit o zi când eram mulți, câteva sute de oameni care voiam să ascultăm. Preotul Albu ne spunea că trebuie să ne sfătuim copiii să meargă la preot și să-l anunțe ei de hotărârea de a se căsători. Apoi preotul va şti să le îndrume paşii spre Altar. Riposta unora dintre noi era că realizându-se cununia civilă, viața copiilor noştri era în perfectă legalitate. Dar Preotul ne-a explicat că socotelile lui Dumnezeu nu au nevoie de acte semnate la Starea Civilă. Slujba de logodnă şi apoi de cununie are alte reguli decât actele civile. Părintele a folosit o exprimare absolut năucitoare pentru mulți dintre noi, auditoriul. Spunea că putem să ardem şi un gard de lumânări din cele mai scumpe, să plătim cele mai prețioase coruri bisericeşti să ne cânte la cununia religioasă în Biserică, dar socotelile lui Dumnezeu nu se mituiesc, nu se amăgesc, nu se vând pe nimic. Dacă regulile Lui au fost sfidate, încălcate, rezultatul este în curând sosit. Privim cu durere cum căsătoria copiilor noştri este o mare nereuşită. Ne punem întrebări, căutăm vinovați, ne risipim sănătatea, liniştea casei noastre şi ajungem într-o situație imposibilă de a trăi aşa. Abia atunci, unii fug la preot să afle o minune, alții fug la Tribunal să scape de minune, iar alții se chinuiesc o viață cu certuri, cu scandaluri, cu fapte mult mai grave. Copiii lor sunt timorați şi parcă pedepsiți de proprii părinți să nu cunoască copilăria fericită.

După ce Părintele Albu şi-a încheiat cuvântarea, s-a lăsat o linişte peste toată marea aceea de lume. În spatele meu era un domn care asculta atent ca noi toți, cele ce spunea Părintele. Deodată l-am auzit că a scos un *„off..."* din tot sufletul, urmat de câteva cuvinte *„să trăieşti Părinte! Muream şi nu aflam de ce am pătimit o viață!"* Mica biserică a devenit în câțiva ani o Biserică ce se apropie de standardul uneia ce are pretenții de Catedrală. Este superbă dar încă nu este finisată cu toate picturile interioare, exterioare. Părintele Albu a devenit atât de înțeles de oameni încât totul s-a realizat cu sprijinul lor. Partea financiară, în cea mai mare parte, a fost realizată prin contribuția fiecăruia după puterea lui. Mă aflam la o slujbă şi Preotul a rugat pe cei ce pot şi vor, să participe a doua zi la descărcarea unui camion de cărămidă. Dar pentru plata acelei cărămizi mai erau necesari ceva bani. Preotul Albu a întocmit suma din ceea ce se adunase în vasul de pe o masă din Biserică, prin contribuția modestă sau mai generoasă a fiecăruia, şi a completat-o cu suma necesară din banii personali. Este singurul Preot pe care eu îl cunosc, care aduce bani de acasă pentru biserica la care slujește cu tot sufletul și viața sa pusă pe altarul credinței sale în Spiritul Marelui Creator!

Acestui preot nu i-a cântat nimeni *„Vrednic este!"*, dar toți cei ce l-am cunoscut l-am considerat *„Vrednic"* de marea noastră prețuire!

Aș putea să vorbesc despre multele lucruri minunate pe care le-am aflat de la Preotul Albu, scriind zeci și zeci de pagini, dar mă opresc aici lăsându-vă Dumneavoastră plăcerea de a-l asculta.

Coliva

Este un preparat care se pregătește doar cu prilejul trist al întâlnirii cu Doamna cu Coasa. Dar cum acest prilej este ceva ce nu a putut fi evitat de nici un pământean, nici coliva nu a putut rămâne un preparat uitat. Voi descrie mai jos modul ei de preparare pentru că fiica mea și toate femeile tinere sau mai puțin tinere, vor avea prilejul să o pregătească la un moment dat... Așa este lăsat de Dumnezeu pe pământ, ca viața să treacă precum valul apei limpezi ori învolburate... să treacă!

Ingrediente:

- 500 g. de arpacaș
- 250 g. de zahăr tos
- 250 g. de nucă măcinată prin mașina de nuci, ori tocată mărunt cu cuțitul
- coaja rasă de la o lămâie mare
- 2 flacoane de esență de rom (atenție la fiolele cu esență de rom, caci unele din ele nu prea au parfum)
- 2 pliculețe de zahăr vanilat
- un vârf de cuțit de sare fină.

Preparare:

Se spală arpacașul în atâtea ape câte sunt necesare pentru a fi curată ultima apă. Se pune la fiert într-un vas încăpător. Este recomandată o oală sub presiune de 4 litri. Se poate utiliza și orice alt vas. Se pune atâta apă cât să acopere arpacașul. Se adaugă întreaga cantitate de 250 g. de zahăr, apoi se pune la fiert la foc mic. În oala sub presiune fierberea durează 25 minute din momentul în care s-a creat presiunea în vas, deci conținutul fierbe. Într-o oală obișnuită durează o oră, poate și mai mult timp în care se mestecă des conținutul și se completează cu câte o ceșcuță de apă de la robinet. Când a fiert arpacașul, se lasă să se răcească, fiind acoperit cu un capac. În timpul răcirii bobul de arpacaș înghite zeama din compoziție și se înflorește. Când este răcit se poate zdrobi prin mașina de tocat carne, devenind o pastă, ori poate fi lăsat așa cum este. Depinde de gust. Se încorporează mirodeniile, nuca și se gustă dacă este suficient de dulce, altfel se mai completează cu câteva linguri de zahăr. Farmecul colivei este dulceața care intra în bob când este fiert cu zahărul, coaja de lămâie și esența de rom, pusă din abundență.

Aranjarea colivei pe platou se face cu mâinile ude. Se nivelează și se dă forma platoului folosit. Se presară cu un strat gros de nucă măcinată ori de nucă de cocos. De ce? Pentru că absoarbe umezeala din colivă și ne dă posibilitatea s-o decorăm frumos!

Decorarea:

Se folosesc bomboane mici, mari, colorate etc. Atenție: primul punct în decorarea colivei este desenul CRUCII. Apoi intervine imaginația fiecărei gospodine. Crucea se realizează din bucățele de ciocolată, din bomboane, din felii de fructe etc. Crucea realizată de bunica mea era din zahăr farin. De la ea am aflat că există niște forme desenate pe carton ori placaj, care se aplică pe suprafața colivei și se pudrează zahărul farin ori cacao. Când înlăturăm această formă rămâne un desen superb format din floricele, frunze și tot felul de motive artizanale. Tot din învățăturile bunicei mele, vă voi împărtăși un mod de a folosi bombonele viu colorate. Cele albastre se pun în zona de deasupra crucii, iar cele verzi, maron, etc în partea de jos a crucii. De ce? Pentru că simbolizează cerul albastru și pământul care este negru, maron dar încărcat de floricele multicolore.

Sigur că după ce am realizat prepararea și ornarea colivei, pasul următor este așezarea unei lumânări. Se poziționează în centrul colivei.

Strada Speranței

Era timpul vișinelor coapte! Locuiam împreună cu socrii mei pe strada Speranței la numărul 1, la parter pentru că așa era arhitectura clădirii. O casă veche, cu două camere și dependințe și cu o curte superbă. În fața casei, soacra mea avea o grădiniță de flori unde tronau multe hortensii și tufe de trandafiri albi și roz, dar cei mai frumoși erau cei de culoarea roșu-grena. Când eram doar prietenă cu Liviu, îmi dăruia la fiecare întâlnire câte un trandafir roșu din cei ce străjuiau rondul din fața casei lui. Aleea ce pornea din fața casei până la poartă, avea mai mult de 10 metri, și era străjuită de o boltă de viță de vie ai cărei struguri din soiul ananas parfumau toată curtea și evident că miresmele ajungeau și dincolo de gard, în stradă, în Calea București. Primăvara primele flori care încărcau de frumusețe și parfum această superbă alee, erau narcisele! Albe cu mijlocul gălbui, brodat de o linie roșie fină, aproape invizibilă, păreau a fi niște lebede pe un lac imaginar. Cum poarta casei nu se închidea cu zăvor pentru că lumea care trăia acolo și în acel timp al anilor 70 nu avea frică de hoți, aceste superbe narcise mai furau ochiul câte unui trecător, care își aduna un micuț buchețel. Dar nu era o pagubă, pentru că a doua zi înfloreau alte și alte minunății ale lui Dumnezeu. Lângă gard, undeva într-un loc ferit de umbra viței de vie, era un vișin cu crengile pline de roade, lăsate până aproape de pământ, ca într-o sărutare eternă a pomului cu rodnicia bogăției pământului. Când vișinele începeau să dea în pârg și culoarea grena putred se lupta cu verdele gălbui, noi treceam pe sub ramurile lui și din mângâierea ce ne-o ofereau crengile, ne înfruptam cu câte o poamă coaptă. Anca, fiica noastră, avea un anișor și jumate, când descoperise și ea minunatul vișin. Fugea acolo și se ascundea în desișul crengilor lui, iar cu mânuțele amândouă culegea sferele roșii și cărnoase, cu gustul acrișor, pe care le împingea în micuța gură, strivindu-le în dințișorii ca ferestrăul. Zeama rozalie se scurgea pe mânuțe, pe bărbie și pe hăinuțe. Nu conta nimic decât plăcerea de a se înfrupta cu sănătate din sănătatea naturii dăruite cu atâta iubire și generozitate de Marele Creator!

În această curte mai era o casă superbă, construită în stil florentin, cu demisol și etaj. La demisol locuia familia Schintee Alexandru și Aurica. Erau oameni la o vârstă respectabilă, de o condiție materială bună chiar și pentru anii victorioși ai comunismului. În vremurile îndepărtate fuseseră mici meseriași și negustori. Avuseseră chiar și un magazin de blănuri în Craiova, pe strada comercială Lipscani. În anul 1947 când naționalizarea a cuprins tot și toate, au rămas fără *„prăvălie"*, fără casă, fără mijloc de a-și câștiga existența. Singura soluție a fost să devină muncitori salariați în propria afacere și chiriași în propria casă. Tanti Aurica și nenea Alexandru erau împăcați cu situația lor, erau oameni de bun gust și de un mare caracter. Ei au conviețuit bine și în relații bune cu cei ce fuseseră aduși în casa lor chiriași la Stat așa cum deveniseră și ei. Tanti Aurica era ca și o mamă pentru tinerele ei vecine. Soacra mea a fost una din acele tinere care au primit multe sfaturi în gospodărie și în viață de la Dânsa. Eu de asemeni îi pot aduce mulțumiri pentru toate sfaturile, învățăturile, darurile primite de la Dânsa, rugându-mă să o consider ca pe o bunică. O iubea mult pe fiica noastră Anca, cu atât mai mult cu cât Liviu, soțul meu, crescuse în această curte de la șapte ani, sub ochii Dânsei. Fiind toiul vișinelor, Tanti Aurica a cules un paner cu vișine din bogăția vișinului din curte și a preparat o prăjitură cu aceste fructe. Bineînțeles că nimic nu prepara Tanti Aurica fără să nu ne servească și pe noi. Locul unde se gustau cele mai bune prăjituri ori preparate culinare era în curte, în fata casei la umbra deasă și răcoroasă a bolții de viță de vie. Aici, socrul meu pusese o masă încăpătoare. Masa avea schelet metalic vopsit cu o vopsea verde rezistentă la intemperii și fața de panel melaminat. Această masă era în curte și iarna și vara, dar tot frumoasă și folositoare era!

Prăjitura făcută de tanti Aurica ne-a plăcut la toți. Bărbații au stropit-o cu un șpriț rece de la beci, iar noi femeile cu sirop de trandafiri din cămările gospodinelor. Anca, cea mai mică și importantă participantă la o așa gustare, s-a arătat deosebit de încântată, iar mânuțele ei nu erau decât pline cu încă o prăjiturică. Tanti Aurica avea grijă să-i păstreze ei și numai ei, câteva bucățele din această prăjitură într-un dulap situat în firida zidului din bucătăria Dânsei. Când venea de la grădiniță, Anca se ducea la fereastra bucătăriei tanti Aurica (fereastra ce era la nivelul solului, apartamentul fiind la demisol) și-i făcea un semn discret cu degețelul dus la gurița mică, brodată parcă de două bucățele de felii de vișine decupate dintr-o sferă a fructului râvnit. Tanti Aurica îi umplea amândouă mânuțele cu prăjiturele și-i punea încă una în buzunărelul șorțulețului. Se despărțeau cu promisiunea ca mâine să vină iar la fereastră pentru că iar va primi prăjiturele cu vișine. De atunci și cât va încuviința Dumnezeu, fiica mea iubește prăjiturile cu vișine. Spre amintirea acelor vremuri și a acelor personaje, vă ofer rețeta acestei prăjituri.

Prăjitură cu vișine

Ingrediente:

- 350 g. de zahăr
- 350 g. de unt sau 200 g. de margarină și 150 g. de unt
- 350 g. de făină (daca are umiditate scăzută, altfel cantitatea crește spre 400 g.)
- 350 g. de ouă (ouăle se cântăresc cu coaja cu tot)
- ceașcă de lapte
- un praf de copt
- lămâie
- 600 g. de vișine coapte bine și fără sâmburi

Preparare:

Se freacă într-un castron untul cu zahărul, până se simte că zahărul s-a dizolvat și este o spumă totul. Se poate folosi zahăr farin ori zahăr tos dar este indicat să aveți și un vas cu apă caldă alături, ca din când în când să folosiți baia de abur. Se adaugă gălbenușurile unul câte unul, frecând în continuare. Între timp bateți albușurile cu mixerul, folosind un vârf de cuțit cu sare. Când sunt spumă consistentă întrerupeți mixerul. După ce ați încorporat toate gălbenușurile, adăugați o ceașcă de lapte la temperatura camerei, coaja rasă de la o lămâie, făina pusă în ploaie și praful de copt stins în zeama de la lămâie. Ultimele se pun albușurile bătute spumă, amestecând ușor cu mișcări de sus în jos. Aici se mai completează cu o lingură două de făină, numai dacă compoziția este mai fluida decât la chec. Adică trebuie să curgă gros ca o smântână. Aceasta compoziție se toarnă în tava tapetată și se ornează cu vișinele puse ca un mozaic, deasupra. Se coace la foc domol, iar după ce creste bine se potrivește la o temperatura de 150-180°C.

De reținut: nu se începe prepararea acestei prăjituri decât după ce se cântăresc ouăle! Aliniați gramajul la toate celelalte ingrediente, după gramajul ouălor. Reușita acestei prăjituri constă în respectarea gramajului. Dacă nu ați respectat gramajul, prăjitura creste, se coace dar este uleioasa ca și o maioneză tăiată. Prăjitura se poate mânca foarte bine și daca nu reușește, dar dacă veți respecta cântarul, va fi cea mai fină prăjitură de sezon. Succes!

Prăjituri de POST

Când suntem foarte tineri, suntem și foarte naivi, dezinteresați, delăsători ori pur și simplu avem atâta elan tineresc încât treburile care implică postul în hrana corpului nu au loc în viața noastră. Dar vine o vreme când trebuie, este obligatoriu să intram în acest joc cu care ni se părea altădată că nu aveam nimic în comun, fiind considerat ca aparținând mofturilor unor babe. Acel moment este dictat uneori de un regim sever pe care trebuie să-l aplicăm temporar sau pentru tot restul vieții, datorat unor probleme ale sănătății corpului nostru, ori a sosit momentul întâlnirii cu Doamna cu Coasa, când un bunic, un părinte, un prieten a trecut pragul într-o altă lume și atunci aflăm că sunt niște reguli ale Sfintei Biserici pe care trebuie să le respectăm pentru ușurarea cărării celor plecați. De ce? Este o întrebare la care răspunsul este: caută, cercetează și crede. Așa a lăsat Dumnezeu poruncă pe pământ! Așa este și cu hrana de post, cu prăjiturile de post și cu întreaga noastră atitudine față de produsele din natură lăsate să ne hrănim cu ele. Voi încerca să vă ofer câte ceva din ceea ce am aflat și eu la momentul în care Dumnezeu mi-a îngăduit să aflu.

Boema de post

Ingrediente:

Blatul:

- 75 ml. de ulei
- 200 g. de zahăr
- 250 ml. de apă minerală
- 2 linguri de cacao
- 2 linguri de gem de prune
- 100 g. de nuci pisate (măcinate)
- lingură rasă de bicarbonat (sau un pacheţel de praf de copt)
- 2 căni cu făină

Crema:

- 200 g. de ciocolată de post (4 linguri de cacao dizolvată în 2 linguri de apă, 2 linguri de zahăr, pe foc domol)
- 200 ml. de frişcă vegetală
- un flacon de esenţă de rom

Glazura:

- 2 plicuri de glazură de ciocolată (ori 4 linguri de cacao, 2 linguri de zahăr, 2 linguri de apă, la foc domol)

Siropul:

- 250 g. de zahăr
- 400 ml. de apă

- 3 linguri de cacao
- 50 g. de margarină
- esență rom

Decor:

- 300ml de frișcă vegetală
- ciocolată rasă
- fructe confiate, după gust

Preparare:

Blatul:

Într-un castron încăpător se amestecă cu lingura de lemn ori cu mixerul zahărul, apa minerală, cacaua, o ceașcă de ulei (adică 75 ml.). Se adaugă gemul, nucile măcinate (se pot prăji un pic, după gust), bicarbonatul stins într-un păhărel cu oțet ori zeamă de lămâie, făina. Această compoziție bine omogenizată se toarnă într-o tavă tapetată și se coace la foc domol până crește cât să se umple tava. Apoi se creste temperatura în trepte, până se ajunge la 200°C și blatul se rumenește. Răbdare cu acest aluat, pentru că creste încet, se coace bine și este foarte gustos și economic. Poate fi utilizat la multe alte prăjituri ca suport. Dacă grăbiți coacerea, creste puțin și iese tare. Se poate utiliza, dar nu este pufos și reușit. Coacerea durează aproximativ o oră.

Crema:

Peste ciocolata topită pe abur, se adaugă frișca bătută. Se amestecă și se dă la frigider. Explicație: Ciocolata se topește obligatoriu pe baie de abur. Se lasă să iasă focul din ea, timp în care se pun în blender cele 200 ml. de frișcă vegetală din pachețel, cu 2 cești pline cu apă rece de la robinet. Se pornește blenderul până se întărește frișca și apoi se picură strop cu strop esență de rom. Nu o puneți toată odată că se taie frișca!

Glazura:

Se topește pe baie de abur ciocolata și se picură o lingură de ulei să iasă sticloasă.

Siropul:

Se pune într-un vas o ceașcă de zahăr cu o ceașcă de apă rece. Se fierbe la foc tare, apoi se răcește și se siropează blatul.

Asamblare:

Blatul se taie transversal în două jumătăți egale, și se taie direct din tavă în pătrate de 3 cm. Apoi fiecare pătrat se siropează pe ambele secțiuni, se pune cremă la mijloc, se pune glazura pe partea de sus și se ornează cu frișcă. Se dă la rece câteva ore și se servește.

Este o prăjitură asemeni celor de la cofetărie, pare a fi migăloasă, dar în realitate este simplă, economică, gustoasă, de efect. Nu se simte lipsa oului, ba poate fi utilizată ca alternativă când ori nu avem ouă în casă, ori ne sunt interzise din motive medicale.

Trandafirul

Ingrediente:

- 600 g. de făină
- 100 g. de margarină topită, ori o cană cu ulei
- 300 g. de zahăr (o cană)
- jumătate de cană cu apă minerală, ori de la robinet
- mirodenii: coajă rasă de lămâie, etc
- un praf de copt ori 50 g. de drojdie proaspătă

Preparare:

Toate ingredientele mai sus menționate se pun într-un castron și se amestecă cu lingura de lemn, ori cu mixerul până se simte zahărul topit. Dacă doriți să grăbiți procesul preparării, puteți să folosiți baia de abur. Când ați realizat o cocă consistentă o întindeți pe o planșetă, o mai frământați un pic și mai adăugați putină făină. Împărțiți coca în șase părți egale. Luați pe rând fiecare parte, o întindeți cu sucitorul cât să aibă o grosime de 2-3 mm. Două părți din cele șase, le coaceți pe fundul tăvii care a fost mai devreme unsă cu ulei. O înțepați ușor cu furculița să crească uniform. Celelalte patru părți de cocă le lucrăm după cum urmează:

Se întinde aluatul ca o foaie în formă dreptunghiulară, se presară cu puțin pesmet se umple cu o cocă formată din: 200 g. de mac, 200 g. de făină, 100 g. de margarină, 250 g. de zahăr pudră, 200 ml. lapte, coaja rasă de la o lămâie, un măr ras, o jumătate de pachet de praf de copt, toate amestecate și frământate bine. După ce am umplut cele patru foi cu umplutura de mai sus, le rulăm ca la clătite și le punem în tavă la copt. Le înțepăm ușor să crească uniform.

Crema:

- 1 litru lapte
- două pachete de budincă de vanilie
- 250 g. de unt (margarină)
- 250 g. de zahăr

Această cremă se realizează precum crema de vanilie, cu deosebirea că nu se adaugă ouă.

- ciocolată albă pentru ornat

Când s-au copt și cele patru rulouri, ne ocupăm de asamblare:

Folosim o tavă mare, de exemplu o tavă de aragaz în care vom pune prima foaie coaptă pe dosul tăvii. Așezăm un strat de cremă pe tot cuprinsul foii. Peste acest strat așezăm cele patru rulouri unul lângă altul. Peste rulouri punem restul de cremă, iar deasupra rulourilor punem a doua foaie coaptă anterior pe dosul tăvii. Peste această foaie punem glazura de ciocolată albă, sau pur și simplu pudrăm cu zahăr. O lăsăm câteva ore să se înmoaie bine și o tăiem cu cuțitul cu vârful ascuțit, urmărind fiecare pătrat din prăjitură să încadreze dimensiunile unui rulou. Modul de prezentare în secțiune, este ca un evantai, sau ca petalele unui trandafir. Este foarte spornică prin faptul ca ies multe pătrățele, aspectuoase și gustoase! Nu trebuie să folosiți mai mult de o oră pentru realizarea acestei prăjituri.

Zahăr Ars

Era în iarna anului 1979 de Revelion. Socrii mei fiind oameni cu o fire deschisă, casa lor era deseori locul de întâlnire cu prietenii, cu rudele. În anul 1979 au invitat de Revelion câteva familii prietene. Casa era mică, se compunea din două camere și dependințe, dar bucuria de a primi și a serba trecerea dintre ani era deosebit de mare! Noi, adică soacra mea și cu mine eram gospodinele și gazdele. Noi ne ocupam de preparatele ce urmau să fie servite în seara festivă. Socrul meu se ocupa cu o mare plăcere de cumpărăturile necesare. Fiecare din Doamnele ce soseau în seara festivă purtau rochii elegante, mantouri de Astrahan, de Muton Dore ori de stofă fină de lână, garnisite cu gulere de Vulpe Argintie (după cum era moda în acei ani). De asemeni Doamnele ofereau, conform bunelor maniere din vremea aceea, o mică atenție gazdei. Atenția o reprezenta o sticlă de șampanie pentru socrul meu, un buchet de flori, ori o prăjitură ce era preparată chiar de doamna respectivă, pentru amfitrioana casei, care era soacra mea. În acea seară Tanti Vali, în calitate de mamă a cumnatei mele Mariana, purta un mantou din Astrahan negru și o rochie albastră din o stofă fină precum textura unui cașmir. Era o doamnă frumoasă, fiind trecută de vârsta primei tinereți, avea un aspect îngrijit și un gust rafinat în a se îmbrăca, în ciuda faptului că venea dintr-o familie modestă, familie în care învățase cele 10 Porunci ale Domnului, porunci care erau de fapt regulile bunului simț și ale omeniei în familie și în societate. Bunul simț se naște și apoi se șlefuiește prin trecerea oamenilor prin tumultul vieții! Totul este ca omul să vrea să-l șlefuiască.

În acea seară de Revelion Tanti Vali a adus un platou cu prăjituri deosebit de gustoase, moi și cu un aspect apetisant. Prăjitura a fost servită la masă alături de dulciurile pregătite și de noi, gazdele. Având un mare succes am solicitat cu toții rețeta. Peste ani, fiind la Slatina am întâlnit o rețetă de prăjitură asemănătoare, fiind recomandată pentru post și având o mică modificare: lipseau ouăle, untul și laptele. Cum anii ce au urmat din 1980 până în 1990, au fost foarte dificili în domeniul alimentației populației, aproape o perioadă de foamete, rețetele de prăjituri cu ouă foarte puține sau chiar fără nici un ou aveau mare căutare. Astfel am preparat această prăjitură cu prilejul tuturor sărbătorilor, având în minte și amintirea anului 1981, când locuiam în Slatina, cu prilejul Repartiției Guvernamentale a lui Liviu, repartiție ce se oferea fiecărui student la terminarea studiilor. Acest sistem a oferit şansa fiecăruia să-şi practice meseria dorită, pentru care studiase în facultate. Timpurile s-au schimbat acum, iar acest fapt a devenit o amintire, o tristeţe, o pierdere a idealurilor tuturor tinerilor ce au venit după anii 1990. Cu timpul va deveni o uitare... Poate că naţiunea română va trebui să treacă şi prin acest iad în drumul său spre păstrarea seminţiei poporului român... Poate că a venit timpul postului...

Prăjitură cu foi cu miere de albine

Coca:

Ingrediente pentru post:

- 1 kg. de făină
- 45 g. de margarină
- 200 g. de zahăr tos
- 6 linguri cu apa rece
- 3 linguri cu miere de albine
- linguriță de bicarbonat stins în zeamă de lămâie

Ingrediente pentru dulce:

- Aceleași cantități la care se adaugă:
- 2 ouă întregi
- 6 linguri de lapte, în locul celor de apă
- 45 g. de unt

Preparare:

Toate aceste ingrediente, mai puțin făina, se pun într-un vas de porțelan care se așază pe baie de abur (o cratiță în care se află apă fierbinte). Cu o lingură de lemn se freacă totul până ce apare o dungă albă la suprafață, semn că s-a topit zahărul. Se adaugă în ploaie făina până ce devine o cocă densă bună de lucrat pe planșetă.

Coca obținută se lucrează pe planșetă repede, să nu se răcească. Se împarte în 6 părți egale sub forma unor mingi. Se pun în castron presărând câte un praf de făină între ele și se lasă castronul în gura vasului cu apa fierbinte, având grijă ca temperatura apei să nu scadă.

Fiecare minge de cocă se întinde cu sucitorul pe dosul tăvii de aragaz, se înțeapă cu furculița în câteva locuri și se dă la copt la foc iute. Atenție: tava trebuie să fie fierbinte și unsă cu ulei!

După ce s-au copt toate foilc și au fost desprinse de pe tavă cu ajutorul unui cuțit mare de bucătărie (să cuprindă porțiuni mari din foaie) se vor umple cu următoarea cremă:

Crema:

Ingrediente:

- 1 cană și jumătate de zahăr
- 4-5 linguri de făină
- cană de apă
- 250 g. de margarină

Preparare:

Se caramelizează o jumătate de cană de zahăr. Se stinge zahărul caramelizat cu o cană de apă rece. Se lasă să fiarbă 5 minute. Se mai adaugă o cană de zahăr în stare normală și se lasă să fiarbă la foc domol până se topește tot zahărul, apoi se dă la rece.

Într-un castron se pregătește un preparat asemenea rântașului alb, adică se amestecă o ceașcă de apă rece cu 4 ori 5 linguri de făină, se bate bine cu lingura de lemn până nu mai sunt cocoloașe. Se adaugă peste siropul de zahăr ars și se fierbe până se îngroașă. Se lasă să se răcească până devine călduță. În acest timp se freacă un pachet de margarină de 250 grame, până devine o spumă. Se incorporează margarina în crema fiartă anterior.

Asamblare:

Foile se pun una peste alta, rând pe rând pe o tavă încăpătoare, se umplu cu această cremă, se pudrează ultima foaie cu zahăr farin și se lasă 24 ore să se moaie. Se taie cu cuțitul cu vârf ascuțit, în forma de romburi ori pătrate, după preferință.

Această prăjitură are singurul *„secret"*, acela că totul se pregătește pe baie de abur. Parfumul ei dulce-amărui și gustul plăcut face să fie preferată atât de doamne cât și de domni, putând fi udată cu un șpriț rece.

De câte ori pregătesc această prăjitură mă învăluie amintirea dragă ce o port pentru Tanti Vali! Era o ființă care mă atrăgea prin felul franc în care discuta cu toată lumea, indiferent de vârstă. Avea un mod direct de abordare a problemei vieții. Era ceva nativ, ceva cu care numai Dumnezeu poate îmbogăți o ființă umană. Simțea parcă cu un simț aparte cu care Dumnezeu înzestrează anumite ființe, starea de spirit a celui cu care discuta. Nici nu puteai să te ascunzi de Dânsa că te citea ca pe o carte. Iar dacă descifrarea interiorului sufletesc era o taină a dânsei, rezolvarea problemei celui aflat în cumpănă era o creație realizată cu multa măiestrie atât de dânsa cât și de cel în cauză. Tanti Vali prin felul ei direct, te făcea să participi la înțelegerea sfaturilor ei încărcate de multe exemple din experiența proprie. Nu se putea să nu rezonezi cu ea, să nu te lași convins de binele pe care ți-l dorea și calea bună pe care te îndruma! Eu ii datorez multe sfaturi bune pe care mi le-a dat la ceas de cumpănă a vieții mele...

Tanti Vali nu aștepta niciodată recunoștință, mulțumiri, osanale. Ea avea parcă un program imprimat în sufletul ei și acționa conform zicalei din popor *„unde-i rău, hop și eu"*, iar răul se prefăcea în bine sub bagheta ei magică. Toate fetele care s-au bucurat de sfaturile ei (avea predilecție spre fetele necăjite fie de sărăcie sau de probleme sufletești), toate care am cunoscut-o îi suntem datoare cu o profundă recunoștință pentru reușitele noastre în viată. La temelia tuturor faptelor bune pe care și noi le-am realizat în cursul vieții noastre, au stat sfaturile ei.

Așa-i lăsat pe pământ omul să fie precum pomul: azi verde și încărcat de roade, iar mâine uscat și uitat. Doar amintirile mai trec ca un fulger prin gândul celor ce mai vor să le depene. Astfel într-o zi de sărbătoare ori în orice zi lăsată să fie trăită pe pământ, purtând în mână o floare din Grădina Maicii Domnului și o flacără de lumină, pașii mei se pierd prin iarba crudă a verii, în fața piedestalului care marchează hotarul trecerii în lumea șoaptelor, al celor dragi nouă... cu fruntea plecată picură lacrimă din ochiul trist...

Pricomigdale

Pricomigdalele sunt prăjituri de post cu un gust plăcut și un aspect încântător. Mama le pregătea pentru zilele de duminică în Posturile Mari ale Sfintelor Sărbători. Rețeta este foarte simplă. Iat-o:

Ingrediente:

- cană de apă minerală (ori chiar apă rece de la robinet)
- cană de ulei
- cană de zahăr
- un pachet de praf de copt
- făină cât cuprinde pentru a forma un aluat moale (se pune în forme cu lingura)
- Mirodenii: coajă rasă de lămâie, zahăr vanilat

Preparare:

Într-un castron se pune cana cu apă, cana cu ulei, cana cu zahăr. Se amestecă cu lingura de lemn (pe baie de abur) până se topește zahărul. Se adaugă mirodeniile și făina în ploaie. Odată cu făina se adaugă și praful de copt. Când ați obținut un aluat moale, îl puneți în formele de copt, cu lingura, netezind cu dosul lingurii suprafața prăjiturii. Formele sunt în comerț, au dimensiunea unei tăvi de aragaz care are în interior niște orificii în formă de cerc, frunză de stejar, ori o altă formă, pe care le veți umple cu această compoziție. Aceste forme se ung cu un strat fin de ulei, și înainte de a pune compoziția în ele se pun în cuptor spre a fi calde, apoi se dau la copt. Se potrivește focul la temperat, adică 60-70°C până creste compoziția, apoi se mărește temperatura la 150-180°C. Când sunt rumene prăjiturile se scot din cuptor și se desfac din forme cu atenție să nu-și strice aspectul. Din această compoziție se coc cam trei tăvi. După ce ați copt toată coca, se face un sirop subțire din:

- ceașcă de apă
- lingură de zahăr
- lingură de cacao

Din aceste ingrediente se prepară un sirop care se fierbe până dă un clocot. Se răcește și apoi fiecare prăjiturică se moaie cu un capăt în acest sirop, apoi se trece printr-un strat de fulgi de nucă de cocos ori nucă obișnuită dată prin mașină. Se servește la ceaiuri ori ca prăjituri mărunte pe platouri mici, delicate. Aceste prăjituri amintesc de vremurile trecute de Domnite și Crai, când se serveau în saloanele micului Paris, sub găzduirea Reginei Maria, cu prilejul vizitelor la Palatul Regal a Prințului Sturza și a familiilor nobile ale vremurilor apuse.

Mama mea a aflat despre această prăjitură de la bunica mea, care în tinerețe a trăit în casele soților Macavei, mari boieri ai vremii. Aceștia își petreceau vacanțele de vară la moșia din Vlădaia, Mehedinți. Bunica a avut prilejul să cunoască frumusețea și eleganța acelor vremi și s-a străduit să ne-o facă cunoscută și nouă, nepoților ei, chiar și așa ca pe o poveste cu Domnițe și Crai ce servesc ceaiul de după amiază, asortat cu aceste prăjituri. Poftă bună!

Castane de ciocolată

În ziua de 6 martie 1980 lucram la Regionala CFR Craiova, la birou cu nenea Mihai Costăchescu. Atunci am cunoscut-o pe soția sa, tanti Tincuța.

Era o zi de primăvară încețoșată, o zi rece. Era de fapt o zi de primăvară în care natura se desfășura după regulile ei. Încă mai era timpul trecerii de la palton la pardesiu, de la cizme la pantofi. În micul nostru birou era frig. Nu fusese prea multă căldură nici în timpul iernii așa că în data de 6 martie a fost întreruptă căldura în mod firesc, sub motiv că a venit primăvara. Zgribuliți, cu pardesiurile în spate și cu mâinile încălzite pe câte o ceașcă de cafea, fiecare salariat încerca să reziste în cele 8 ore de serviciu. Sosise ora 10 dimineața, oră la care eu și nenea Mihai ne serveam pachețelul și apoi pregăteam cafeaua. Cum importul de cafea era din zi în zi mai mic, precum toate produsele coloniale, citricele, cosmeticele, medicamentele, etc., cafeaua devenise un moft. Românul însă este inventiv! Nenea Mihai vine într-o zi cu o cutie de cacao pe care a cumpărat-o de la cofetăria din Gară și-mi spune cu bucurie în glas: *„Adriana am găsit înlocuitorul cafelei: bem o ciocolată caldă!”* În timp ce eu pregăteam așa zisa ciocolată, Nenea Mihai își aprindea țigara și aștepta să savurăm licoarea caldă și parfumată, când sună telefonul. La capătul firului era tanti Tincuța, soția lui nenea Mihai. Tocmai se gândise la noi cum tremuram de frig și ne invita în biroul dânsei care se afla situat la etajul 2 al clădirii, în apropierea cabinetelor directoriale. Acolo se mai trecea cu vederea câte un radiator găsit în priză, pe când în restul clădirii era total interzis. Noi eram în ilegalitate când foloseam reșoul pentru a fierbe cafeaua ori ciocolata și în același timp pentru a ne mai dezmorți. Dar de această dată nenea Mihai a invitat-o pe tanti Tincuța la noi în birou la o ciocolată caldă. Așa am fost serviți de tanti Tincuța cu castane de ciocolată preparate în casă de Dânsa. Așa mult mi-au plăcut aceste dulciuri încât nu le-am uitat și am cerut rețeta. De multe ori am pregătit-o fiind ușor de lucrat și având o compoziție de post.

Ingrediente:

- 20 de biscuiți de post
- un pahar și jumătate cu apă ori sifon
- lingură de cacao
- un pahar de nuci măcinate
- esență de rom

De reținut că paharul folosit ca măsură este unul de 250 ml.

Preparare:

Biscuiții se zdrobesc și se amestecă cu apa, nucile, cacaua, esența de rom. Se fac mici biluțe care se pot umple cu vișine din dulceață ori din vișinată (fără sâmburi) și se trec printr-un praf de cacao și zahăr tos. Se așază în suportul de hârtie de la bomboanele de ciocolată și se servesc la o cafea ori la o cană de ceai verde.

Au trecut 35 de ani de la ziua în care am cunoscut-o pe tanti Tincuța. Mi se pare că parcă a fost ieri. Atâtea alte rețete de prăjituri am mai aflat de la Dânsa, rețete pe care le voi dezvălui la momentul potrivit. Tanti Tincuța este o persoană a cărei poftă de viață încurajează pe toți cei din jur, oricât de triști ar fi. A știut să aprecieze viața și să o trăiască cu multă demnitate. A trecut și a trăit alături de nenea Mihai multe întâmplări care le-au pus la încercare nervii și chiar viața uneori, dar ei au format un tot unitar și familia lor a reușit să treacă prin toate. Cochetăria de care dădea dovadă tanti Tincuța trebuie să fie o lecție pentru fiecare femeie, soție. Tanti Tincuța nu era îmbrăcată neglijent niciodată. Chiar și la bucătărie era cochetă! Nu a avut părul neglijent niciodată. Mergea la coafor și se aranja la intervale de timp bine știute de Dânsa. Și chiar dacă ar fi fost prinsă într-o ocupație care nu-i permitea să meargă la coafor, intervenea nenea Mihai care imediat prelua răspunderea treburilor gospodărești și o invita pe Tanti Tincuța să meargă să-și aranjeze părul.

Viața de familie dintre tanti Tincuța și nenea Mihai a fost ca o plasă de rafie bine legată, bine închegată și trăită frumos până în ultima clipă de viață a lui nenea Mihai. Fiecare zi era un nou răsărit de Soare. Sigur, ca în orice familie, mai vine și un norișor cu ploaie, dar răsare iar Soarele și veselia casei își reia locul. La masa pregătită de Tanti Tincuța oricine a mâncat a constatat și apreciat bucatele bine pregătite, dar un ochi de femeie nu a pierdut amănuntul că în mijlocul mesei s-a aflat mereu o vază cu flori oricât de mică, iar floricelele oricât de mărunte nu au lipsit niciodată. Tanti Tincuța fiind o fire modestă nu a ieșit din rândul tuturor colegelor dânsei. Dar firea dânsei, chiar și cu toată modestia, i-au scos la iveală originea nobilă. Pentru că își are rădăcinile într-o familie înstărită a Caracalului, acolo unde grânarul României producea aurul pământului și bogăția țării. De acolo se încărcau vagoane și vagoane cu grâne și plecau spre Calafat, portul grânelor României de altă dată, luând drumul pe ape în multe colțuri ale lumii. Vremurile au fost, timpurile s-au schimbat, iar oamenii care au fost dăruiți de Dumnezeu cu o piatră nestemată, Demnitatea, au trecut prin tumultul vieții cu cugetul nepătat. A sosit o zi de iarnă ca un viscol... și a măturat viața și visul și lumina Soarelui. Dar de la fereastra vieții, cineva i-a răspuns bătrânului viscol:

„Mergi tu, luntre-a vieții mele, pe-a visării lucii valuri,
Până unde-n ape sfinte se ridică mândre maluri,
Cu dumbrăvi de laur verde și cu lunci de Chiparos,
Unde-n ramurile negre o cântare-n veci suspină,
Unde sfinții se preumblă în lungi haine de lumină,
Unde-i moartea cu-aripi negre și cu chipul ei frumos,

Unde-i lumea-nchipuirii cu-a ei visuri fericite,
Alta-i lumea cea aievea, unde cu sudori muncite

Te încerci a stoarce lapte din a stâncei coaste seci;"ref 5

Negresă cu gem de prune

Este o prăjitură de post, dar atât de gustoasă încât nu pot să nu v-o spun tuturor! Este tot o perlă aflată de la Tanti Tincuța.

Ingrediente:

- cană de zahăr
- cană de apă
- cană de ulei
- un borcan de gem de prune
- făină cât cuprinde până ce se realizează o compoziție care curge ca o smântână groasă
- un praf de copt ori un vârf de cuțit de bicarbonat stins într-un strop de zeamă de lămâie.

Preparare:

Totul se amestecă cu o lingură de lemn într-un castron încăpător. Se adaugă făina în ploaie până devine o compoziție care curge, așa cum am spus mai sus. Nu uitați de praful de copt. Se pune la copt într-o tavă mare de aragaz, tapetată cu făină. Se începe coacerea la foc mic, 50°C, dar se creste progresiv pe măsură ce compoziția creste ajungându-se la o temperatura de 200°C. Se taie în formele dorite și se servește cu multa plăcere. Are meritul că nu se usucă ușor în contact cu aerul.

Bomboane din castane

Ingrediente:

- 500 g. de castane comestibile
- 50 g. de ciocolată
- 150 g. de zahăr
- 150 ml. de apă
- două flacoane de esență de rom.

Preparare:

Se fierb castanele și se curăță de coajă. Se mixează până devin o pastă care este muiată cu un sirop făcut din 150 g. de zahăr fiert în 150 ml. de apă. Din această pastă se fac cu mâna mici sfere. Se topește ciocolata pe baie de abur, iar sferele realizate anterior se scufundă pe rând în ea. Se așază pe un platou până se răcesc, apoi se tăvălesc prin ciocolată rasă, ori nucă pisată, ori nucă de cocos. Ultima operație este de a fi aranjate în hârtiuțe de bomboane și a fi servite la cafeaua de dimineață.

Tanti Tincuța le aducea la birou, acolo unde Nenea Mihai lucra cu mine, și ne îndulceam gustul amărui al cafelei cu delicioasele bomboane de castane.

Băile Felix

În toamna anului 2008 ne aflam la Băile Felix la tratament reumatic împreună cu soțul meu, Liviu. Era un concediu sosit după 20 de ani de pauză. O atât de îndelungată pauză care s-a produs din motive obiective pentru momentul respectiv, dar peste ani privind înapoi am constatat că a fost o amăgire și un efort gratuit. Mereu am avut ca obiectiv momentele importante din viața fiicei noastre. Momente care au reprezentat admiterea la facultate, căsătoria, susținerea ei în continuarea studiilor etc... Toate au fost trăiri cu maximă intensitate, cu emoții, cu lacrimi, când de fericire, când de teamă ori chiar de nereușită. Fiecare an a fost scăzut din sacul mai mult ori mai modest încărcat, cu care ne-a hărăzit Dumnezeu pe acest pământ şi în această viaţă. În toamna anului 2008 ne-am trezit brusc că înfăptuisem multe: fiica noastră era licențiată, era căsătorită, avea viața ei, familia ei frumoasă, iar noi aveam o casă spaţioasă, plină cu toate cele necesare unei vieţi decente, dar nu mai aveam tinereţe, scăzuse nivelul de sănătate al oaselor, ne pătrunsese reumatismul, ne apăsau vasele sanguine şi inima o lua razna în mersul ei de ceasornic... Am plecat la stațiunea Băile Felix să reparăm ce se mai putea repara din sănătatea corpului nostru. Acolo ne-am dat seama că în timp ce Alexandre Dumas a scris o capodoperă literară *„După douăzeci de ani"* noi am comis o eroare catastrofală cu viața noastră, tratând-o ca pe o infinitate de zile și ani... Sigur, a fost o mare inconștiență. Viața este atât de trecătoare încât noi oamenii nici nu realizăm că este de fapt o călătorie scurtă. Popasurile sunt tocmai aceste concedii, vacanţe în care omul se destinde, se odihneşte şi se cunoaște pe sine mai bine. Își reîncarcă bateriile care-l vor lumina exact până la următorul popas. Dar dacă noi nu am acordat timp de 20 ani nici un popas, bateriile noastre au intrat într-o uzură profundă. Încercăm acum să spoim cerul cu stele şi să reparăm, să cârpim viața cu zile, cu nopți și ani mărunți. Cititorule, oricare ai fi tu, tânăr ori matur ascultă-mi sfatul și nu-mi urma greșeala! Respectă-ți viața! Doar aceea este a ta! Restul este amăgire și uitare...

Noiembrie 2008 a fost călduros. Era într-o zi de duminică 2 noiembrie, când era ziua mea de naștere. Am plecat cu mașina la Oradea să vizităm orașul. Am descoperit un pasaj numit Vulturul Negru, unde erau magazine, dar și o mulțime de cafenele. Fiecare era mai atrăgătoare ca alta. Amenajate rustic, ori poetic, ori modern... Eu și soțul meu ne-am îndrăgostit de acest loc. Ne-am reîndrăgostit de viață... Aici ne-am redescoperit, ne-am găsit tihna sufletească. În fiecare sâmbătă și duminică în care nu aveam tratament balnear în Felix, fugeam la Oradea și după ce savuram cafeaua în câte o cafenea, mereu alta din acest colt de rai numit simplu de orădeni *„La Pasaj"*, sau *„La Vultur"*, ne rătăceam pașii pe străzi tainice străjuite de copaci bătrâni cu grădinițe cu flori, cu cerdac-uri încălzite de razele Soarelui căzute pieziş printre ramurile pomilor. Casele vorbeau. Unele erau renovate și sclipeau ca tenul unei femei trecute de tinerețe, dar fiind îngrijit, te făcea să o admiri în trecerea ei ușoară și efemeră. Chiar pe strada Republicii, într-un fel foarte asemănătoare cu strada Unirii din dragul meu oraş Craiova, erau case vechi ce aparţinuseră grofilor unguri. Erau palate de fapt, pentru că aveau o eleganță și o arhitectonică impresionantă, dar plângeau... Aveau tocăria din lemn vechi și neîngrijit nici chiar cu un strat de vopsea fie și din cea mai proastă calitate. Geamurile fuseseră de cristal ori pictate de cine știe ce mâini pricepute... acum erau crăpate ori chiar sparte și completate cu cartoane ori ochiuri de sticla ordinară. Și această stradă era centrul orașului Oradea. Acest centru ce aparţinuse unor grofi maghiari, trecuse în stăpânirea unor altfel de grofi. Nu poţi să crezi că poporul român cu amărăciunile și lacrimile lui care au curs când hortiștii au izgonit din casele și pământurile lor oameni nevinovați, au pătruns în aceste case și le-au devastat, nu locuit. Și totuși aceste palate sunt încă locuite de chiriași fie de origină maghiară, fie română. Istoria acestor case este o durere cu atât mai mare cu cât oficialitățile orașului au montat niște pânze de protecție în scopul renovării. Lipsesc banii necesari. Mă întreb, doar banii le lipsesc? La parterul acestor clădiri se aflau magazine cu mărfuri occidentale, cafenele, cofetării, restaurante cu mese și pe trotuar. Lumea calmă trecea la plimbare cu copiii, cu nepoții... Bătrânii ieșeau de la Bisericile ce străjuiau strada, pentru că venise ora 12 și slujba de duminică luase sfârșit. Se încurcau glasurile în limbile pământului. Oradea este un oraș occidental și cosmopolit. La terasele restaurantelor se agitau chelnerii ce primeau comenzi în limba maghiară, engleză, neaoșă românească. Ne-am așezat și noi la o masă, la una din aceste terase. Am servit prânzul și am dorit și ceva dulce. La o masă apropiată, un chelner aducea niște cupe cu ceva atât de apetisant încât eu am comandat sigură de mine *„o înghețată ca aceea de acolo”*. Cu un surâs pe sub mustăcioara stil unguresc, chelnerul meu mi-a răspuns politicos *„aceea nu este înghețată, doamnă! Este cremă de castane.”* În câteva minute am avut pe masă două cupe superbe de cremă de castane. Erau atât de frumos ornate încât nu îndrăzneam să le stricăm splendoarea cu toată pofta ce o simțeam până în cerul gurii. Am cerut rețeta. Iat-o aici pentru bucuria de a prețui castanele!

Cremă de castane

Ingrediente pentru dulce:

- 1 kg de castane
- 500 g. de smântână pentru frișcă
- 500 g. de zahăr
- un pachet de unt
- vișine conservate ori din dulceață
- ciocolată rasă
- cană de lapte cald
- esență de rom

Ingrediente pentru post:

- 1 kg de castane
- 2 plicuri de frișcă vegetală
- 500 g. de zahăr
- un pachet de margarină
- vișine conservate ori din dulceață
- ciocolată rasă
- cană de apă caldă
- esență de rom

Preparare:

Se fierb castanele și se decojesc. Atenție la decojit: se păstrează în apa fierbinte, se scot pe rând și se curăță. Dacă se răcesc se curăță mai greu. Se mixează, se sfarmă, se moaie cu o cană de lapte cald, o cană de zahăr și cu un pachet de unt și se aromează cu esență de rom. Este exact ca un piure de cartofi. Se așază în cupe de înghețată, ori în castronele de sticlă.

În continuare ne ocupăm de frișcă. Se bate cu telul smântâna cu 2 linguri de zahăr, până se leagă frișca. Se pune un strat gros peste crema de castane din bolurile de sticlă. Ne ocupăm de ornat: se așază câteva vișine, se rade ciocolata, și se pun și câteva bastonașe de ciocolată. Se dă la rece o oră, apoi se servește. Ține câteva zile, nu se alterează ușor.

La crema de castane de post se prepară frișca din pliculețele de frișcă vegetală conform cu instrucțiunile de pe plic, se folosește apă în loc de lapte și margarină în loc de unt.

Picături de ploaie

Ploua ca-n toiul verii... Dar nu era vară, ci era o toamnă rece, umedă, tristă. Așteptam sosirea iernii cu zăpada pufoasă ce va acoperi totul... țigla caselor și ramurile pomilor, și toate străzile și tot pământul în lung și-n lat. Și-n inima mea... Aș fi vrut o Mare de zăpadă prin care să înot până la epuizarea ființei mele. Să mă pierd în zăpadă, să uit de trecut și de prezent, iar despre viitor să nu-mi mai fac gânduri. Mă trezesc brusc din acest vis. Îmi scutur paltonul de picăturile de ploaie ce-mi pătrunseseră stofa până aproape de căptușeală. Îmi fac curaj și ating clanța ușii de la intrarea în Spitalul de Neurologie Craiova, unde intru cu pași nesiguri și privirea împăienjenită de lacrimile care-mi curg pe obrajii înghețați de frigul începutului de iarnă. Știu ce caut dar nu știu unde să mă adresez pentru a găsi. O caut pe mama! În fața mea apare o ușă pe care scrie INFORMAȚII. Acolo pătrund împleticindu-mi-se pașii. Aveam glasul stins și gura înțepenită într-o încleștare a dinților. Reușesc să spun un nume: *„Staicu Iulica”* și să întreb dacă este internată acolo. Mi se răspunde îndată: *„Salonul 1”* iar diagnosticul aflu că este accident vascular. Deci se confirma telefonul tatei, prin care-mi spunea că a chemat Salvarea în momentul în care mama a căzut pe neașteptate. Eram la serviciu și am crezut că este o glumă a tatei. Dar glasul lui era stins.

Iarna și-a intrat în drepturi peste două săptămâni. Într-o noapte a așternut neaua peste tot și peste toate. Și peste inima mea... pe care Doamna cu coasa a pus un voal negru. Era ziua de 28 decembrie 1999.

Singura prăjitură pe care am avut-o în imaginație în noaptea acelui Revelion a fost Tortul de Bezea. Sigur că acea noapte a fost o continuare a unui priveghi. Sigur că am avut pe masă o prăjitură pe care am găsit-o în multele cofetării din orașul meu. Dar sunt atât de sigură că tot timpul am dorit să am un tort de bezea în a cărui dulceață să-mi înec amarul sufletului. Dar cofetăria unde pașii mei s-au oprit nu avea un asemenea tort.

Tort de Bezea

(după rețeta Doamnei Ana Elenescu)

Ingrediente:

Blatul:

- 8 albușuri
- 400 g. de zahăr

Crema:

- 250 g. de unt
- 100 g. de zahăr
- câteva lingurițe de esență de cafea ori 2 linguri de cacao

Există și o altă variantă, cu aceleași ingrediente, pe care v-o recomand cu toată căldura, deoarece este preparată și reușită de Doamna Ileana Wojcicky.

Ingrediente:

- 9 ouă
- 1 kg. de zahăr
- 300 gr. nucă măcinată
- 50 gr. cacao
- 2 flacoane de esență rom
- Un pachet și jumătate de unt sau margarină

Preparare: I

Se bat albușurile cu zahărul până se țin pe tel. Se împarte compoziția în 4 părți egale și se coc în tava tapetată cu hârtie de copt, pe care o ungem cu unt ori ulei. Se coc la foc moale, adică 60-100°C și nu mai mult de 60 de minute. Ușa cuptorului este bine să fie ușor întredeschisă. Se umplu aceste foi de bezea cu crema de cacao, realizată din untul frecat cu zahărul și cacaua necesară. Dacă este un secret în realizarea acestui tort, acela este că se pregătesc pe rând foile de bezea, cele 400 g. de zahăr și cele 8 albușuri se împart la cele 4 foi, rezultând o cantitate de 100 grame de zahăr și 2 albușuri pentru fiecare foaie. Se pot coace chiar și două foi odată folosind hârtia de copt pusă direct pe grătarul cuptorului, iar a doua foaie se pune tot pe hârtie de copt, folosind încă un grătar, ori un suport confecționat, astfel încât căldura să poată pătrunde peste amândouă foile de tort de bezea.

Preparare: II

(după rețeta Doamnei Wojcicky)

Se bat cu telul 3 albușuri de ou împreuna cu 250 gr zahăr. Când se țin pe tel se pun în tava tapetată cu hârtie de copt. Se coace la foc domol timp de o oră, având în vedere că ușa cuptorului se lasă întredeschisă. Se repetă operația pentru următoarele două foi de bezea. Deci se realizează 3 foi de bezea, din 9 albușuri și 750 gr zahăr!

Crema cu care se umplu aceste foi de bezea este următoarea: se freacă untul (adică un pachet și jumătate) cu 250 g. de zahăr, un pachet zahăr vanilat, 50 g. de cacao, 2 flacoane de esență de rom și cele 9 gălbenușuri. Se adaugă nuca măcinată și apoi se întinde uniform pe suprafața fiecărei foi de bezea. Se ornează cu glazură de ciocolată ori pur și simplu, cu o lingură de cremă șprițată cu ajutorul ustensilei respective.

Acest tort a fost realizat foarte bine de D-na Wojcicky Elena, în toamna anului 2014, cu prilejul serbării zilei mele de naștere. Alături de acest superb tort, am primit și un coș plin cu crizanteme albe atât de proaspete încât au rezistat în vază o lună de zile. Am amintiri deosebit de frumoase alături de D-na Ileana, cum ii spun eu, începând cu prima mea zi de serviciu la Calea Ferată. Dânsa mi-a pus creionul în mână și m-a învățat să gestionez o activitate financiară CFR. În final mi-a oferit locul său de muncă, deoarece Dânsa era promovată într-un post superior. Finețea și căldura sufletească cu care m-a înconjurat au făcut o punte a prieteniei și respectului pe toată viața între noi. O vizitez de câte ori am ocazia și timpul necesar, iar Dânsa nu uită de fiecare dată când mă conduce la plecare să-mi reîmprospăteze invitația. Fiecare reîntâlnire este un prilej al amintirilor și povestirilor din viața Dânsei, din viața noastră de la serviciu. Este o lume care se trece cu fiecare zi, iar parfumul acelor zile reînvie... Parcă ar fi fost ieri. Pentru că așa cum spun poeții, *„ce e val, ca valul trece"*. Viața pare a fi ca un val, care ne poartă pe fiecare din noi. Este foarte important să știm și să vrem să prețuim acel timp. Unii dintre noi știm acest lucru dar ne lăsăm înghițiți de alte valuri mai mici, mai puțin importante. Alții existăm într-o necunoaștere imensă. Nu prețuim nimic, nici chiar pe noi înșine. Când ajungem la capătul drumului, plecăm în necunoscut cu multe regrete. Este cel mai prost bagaj pe care-l poate avea o ființă într-o călătorie spre infinit. Eu cred că învățătura *„prețuiește clipa"*, este temelia unui bagaj frumos avut în tolba amintirilor despre viața petrecută pe pământ cu și în mijlocul celor dragi!

Amintiri cu frișcă, ianuarie 1981

Locuiam la Slatina de câteva luni. Ajunsesem în acest oraș datorită repartiției Guvernamentale a lui Liviu, la finalul studiilor Facultății de Automatizări și Calculatoare, promoția 1981. Locuiam într-un cartier nou al Slatinei, în Clocociov. Acolo primiseră locuințe toți cei ce sosiseră în toamna aceea cu repartiție la post, la Uzina de Aluminiu, ori la Oficiul de Calcul, ori la Uzina de Produse Cărbunoase. Cartierul de locuințe Clocociov era situat la marginea orașului. Nu avea alei care să permită circulația printre blocuri. Era un șantier. Se construiau blocuri zi de zi, iar molozul și toate resturile de materiale de construcții care nu mai necesitau, erau aruncate peste tot. Dar nu era acest lucru cel mai rău! Odată cu sosirea iernii au început noroaiele să crească precum munții în timpul Erelor tectonice. Nu se putea circula decât cu cizme de cauciuc. Dar era o problemă și procurarea acestora, căci fiind așa de necesare, nu se găseau în magazine decât cu relații la vânzătoare. Noi fiind abia sosiți printre locuitorii Slatinei, nu aveam astfel de relații, așa că am pus peste ghetele de piele niște pungi de plastic pe care le-am legat cu tot felul de sforicele. Nămolul fiind îngrozitor de lipicios, abia făceam câțiva pași și pierdeam pungile protectoare. Ne opream, scoteam alte pungi din buzunar și porneam la drum. Până ieșeam la strada principală rămâneam și fără pungile protectoare, dar și fără tălpi la cizme. Și în aceste condiții noi eram un grup de 30 de tineri care râdeam, făceam haz de necaz și pentru a fi și mai haios urâtul situației, ne mai duceam și la spectacolele de la Casa de Cultură. Acestea erau aproape în fiecare săptămână, fiind prezentate de diferite Teatre din București. Trupe cu actori de mare talent și valoare. Noi iubeam arta și mergeam în grup la toate aceste spectacole! Ne specializasem la sărituri printre nămoluri, precum ne și dotasem cu sticluțe cu apa și bucăți de lavete cu care ne străduiam să ștergem cât de cât ghetele. În iarna anului 1981 ne pregăteam să serbăm Revelionul. Directorul Oficiului de Calcul al Uzinei de Aluminiu, Domnul Bugariu, a organizat la un restaurant din Slatina serbarea trecerii hotarului anului 1981 către anul 1982. Eram încântați cu toții! Dar problema cea mai grea a fost curățatul nămolului de pe ghete! Ne puneam problema unde să depozitam la Restaurant încălțările înnămolite, dat fiind că pentru interiorul localului ne pregătisem și noi o toaletă adecvată și cu pantofi asortați. A venit un coleg cu ideea să mergem la Căminul de nefamiliști al Uzinei pentru ziua de 31 dec și respectiv 1 ian. Băieții au aranjat cu administratorul Căminului și am putut să ne îmbrăcam toaletele de Revelion în pace. Dimineața am venit la Cămin și ne-am schimbat toaletele. A fost o perioadă plină de multe situații unele mai caraghioase decât altele, dar tinerețea ne-a ajutat să le trecem ușor. Ne-am făcut prietenii multe. Una mai trainică a fost cu o familie tânără ca și a noastră, Ionuț și Violeta Ceaușescu. Erau din Deva și nu aveau nici o legătură cu familia prezidențială Ceaușescu. Era o potrivire de nume și atât. În ianuarie 1981 a sosit în vizită mama lui Ionuț. Era o gospodină desăvârșită! Violeta, nora dânsei, era o tânără ce crescuse fără mamă. Tatăl ei îndeplinise toate funcțiile în casă, fiind și gospodină și tată. Am înțeles că mama sa decedase din motive de sănătate. Deci Violeta era foarte răsfățată și nu se pricepea mai la nimic prin gospodărie. O ajutam eu care aveam deja o fetiță de aproape 5 ani și stagiu de gospodină alături de mama soacră. Mama lui Ionuț a venit cu multe pregătiri culinare. Printre toate a adus și un tort minunat. Eu am solicitat rețeta, iar Dânsa a fost foarte încântată să mi-o ofere. În amintirea acelor vremi ale tinereții, o voi oferi și eu cu plăcere!

Prăjitură cu frișcă

Ingrediente:

Blatul:

- 5 ouă întregi
- 5 linguri de zahăr
- 5 linguri de făină ori nucă măcinată
- 2 linguri de cacao
- Un praf de copt

Crema de vanilie:

- 1 litru de lapte
- 4 ouă întregi
- 8 linguri de zahăr
- 8 linguri de făina.

Preparare:

Blatul se realizează din cele 5 ouă cu 5 linguri de zahăr care se bat cu telul până se dizolvă zahărul și compoziția se dublează. Se continuă adăugându-se în ploaie cele 5 linguri cu făină împreună cu un praf de copt și 2 linguri cu cacao. Se toarnă compoziția într-un vas tapetat cu hârtie de copt și se începe operația de coacere. Odată copt, blatul se așază pe un platou, până se răcorește suficient de bine.

Următoarea operație este siroparea blatului cu un sirop format dintr-o cană de apă cu 2 linguri zahăr, ce se fierb în două clocote. Se răcește acest sirop și se distribuie uniform pe toată suprafața blatului.

Într-un vas vom pregăti 600 de grame de cireșe ori vișine cu sâmburii scoși și stoarse de zeamă. Se așază peste tot blatul.

Într-un vas pregătim crema de vanilie folosind ingredientele de mai sus. Îmbrăcăm blatul în această cremă.

Pregătim 500 g. de smântână bună de a fi folosită la prepararea friștii. În cele 500 g. de frișcă punem 5 linguri de zahăr ori 3 pliculețe de zahăr vanilat. Batem cu telul până se ține frișca pe tel. Ornăm tortul cu un strat gros de frișcă pe care o decorăm cu ciocolată rasă și bucățele de fructe.

Chec Carmen

Ingrediente:

- 350 g. de zahăr
- ceașcă mare cu apă
- 6 ouă proaspete
- ceașcă cu ulei (aceeași ceașcă cu care am măsurat apa)
- mirodenii
- 300-400 g. de făină
- un praf de copt
- 2 linguri de cacao

Preparare:

Primul lucru cu care începem acest chec este să punem o ceașcă mare cu apă de la robinet, împreună cu 350 gr. zahăr, la fiert în două clocote.

Separat se folosește un vas încăpător în care se pun cele 6 albușuri care se bat bine până se țin pe tel. Se începe turnarea siropului fierbinte în fir subțire, până se încorporează în albușuri. Continuăm să batem cu telul compoziția și adăugăm mirodeniile (coajă de lămâie, zahăr vanilat), uleiul în fir subțire și pus în alternanță cu gălbenușurile, făina în ploaie folosind o sită. Odată cu făina punem și praful de copt. Compoziția trebuie să curgă gros ca o smântână, este caldă și foarte bine crescută. Se pregătește o tavă mare ca de cozonac, ori două tăvi de chec. Se tapetează cu hârtie de copt și se toarnă compoziția până la jumătate din tavă, păstrându-se câteva linguri care se amestecă cu cele două linguri de cacao. Se toarnă în tavă obținându-se un chec în două culori. Coacerea se face pentru început la 150°C, iar peste 10-15 minute se creste în trepte temperatura, ajungându-se la maximum 180-200°C. Când este copt, verificat cu andreaua, se scot tăvile din cuptor, se învelesc cu un prosop gros și se lasă 20 min să se răcorească încet. Abia acum când este răcorit se scoate checul din tăvi, se pudrează cu zahăr farin și se lasă să se răcească la loc ferit de curent ori temperatură scăzută. Se servește cu o cafea amăruie și se completează pentru fumători, cu o țigară de foi, fina. (iunie 2011)

Această rețetă am reușit s-o realizez cu succes numai după explicațiile lui Carmen Costăchescu Laibăr. Era o primăvară frumoasă, când temperatura plăcută din atmosferă, precum și parfumul florilor din grădinița casei mele, mă îndemnau să pregătesc o prăjitură. Nepoțica mea Alexa, avea patru ani și dorea *„o prăjiturică"*, rugându-mă cu un glas de ciocârlie, asortat primăverii. Am hotărât să încerc această rețetă al cărei succes nu-l atinsesem în nicio încercare anterioară. Nu înțelegeam unde greșeam! Mi-am amintit de tanti Tincuța și de minunatul chec pe care l-am gustat cu multă plăcere în casa dânsei. Observând că-mi place atât de mult, Tanti Tincuța mi-a oferit în dar pentru soțul meu un chec întreg. Cea mai mare plăcere a fost pentru Liviu! Acesta a devenit checul lui preferat! Ca reușita mea să fie pe deplin realizată, am solicitat ajutorul telefonic al Maestrei! Din nefericire Tanti Tincuța nu era acasă dar fiica dânsei, Carmen mi-a oferit indicațiile cu toată plăcerea și priceperea unei bune gospodine, urmașa demnă de laudă a mamei sale. Așa am reușit să strig *„Evrica"*, și să mă bucur de succesul obținut! Vă ofer și vouă această rețetă însoțită de toate explicațiile de care m-am bucurat și eu. Succes!

Câteodată numele pe care-l purtăm ca pe un cadou oferit de părinții noștri, dintr-o inspirație a cărei taină doar Dumnezeu o știe, poartă în el simbolistica menirii ființei noastre în această călătorie plină de surprize pe acest pământ. Ne trebuie puțină imaginație și multă răbdare să așteptăm momentul în care vom înțelege simbolul numelui ce-l purtăm.

Carmen Sylva, poezia pădurii sau anonimatul unei Regine talentate, timide și modeste... Carmen, este un nume frumos cu o muzicalitate aparte. Începe cu o consoană și se încheie tot cu o consoană. Asta înseamnă că sunetul este ușor ascuns după grilajul perlat al danturii, iar spiritul ce-l însoţeşte este reţinut, temător, emotiv. Cel ce este temător din pricina emoţiei care-l sugrumă, îi taie respiraţia şi-l face să piardă jumătate din valoarea sa numai şi numai din pricina marii încărcături emoţionale, acela poate purta şi numele de Carmen, Poezie, Pădure. Carmen cea din povestea mea, a scris în lucrarea ei de Diplomă la finalul Facultăţii de Filologie din Craiova, o disertaţie pe tema naturii în poezie, în artă, în literatura română şi cu trimiteri şi spre literatura universală. A compus o lucrare deosebit de bine concentrată şi cu mult talent artistic realizată. La vremea aceea eu o citeam şi o scriam la maşina de scris, bătrâna noastră Erika, ajutându-l pe domnul Mihai Costăchescu, tatăl ei, în tipărirea acelei lucrări. Lucrarea era ca o poezie scrisă în proză, sau ca o proză ce exprimă o poezie. Multă sensibilitate, emotivitate precum o frunză care se desprinde de pe o ramură din pom, pe care apoi vântul o poartă undeva departe, atât de departe încât îi este teamă de necunoscutul în care va atinge pământul. Natura descrisă era însăşi Carmen! O fiinţă plăpândă, discretă, sensibilă la acordurile cu viaţa, cu oamenii, cu natura. Profesia de cadru didactic a ancorat-o în viaţă; i-a dat acele rădăcini de care are nevoie o plantă să trăiască şi o Poezie să existe, să vibreze. Pentru că în lumea ei, a şcolii şi a familiei,

„Peste albele izvoare
Luna bate printre ramuri,
Împrejuru-ne s-adună
Ale Curţii mândre neamuri;"

Iar noi pe margini, cu priviri tresărind de uimire şi admiraţie, şoptim:

„- O, priviţi-i cum visează
Visul codrului de fagi!
Amândoi ca-ntr-o poveste
Ei îşi sunt aşa de dragi!"[ref 6]

Viața pentru Carmen în mijlocul elevilor ei, precum și în familia ei este o poveste a Poeziei în *„Codrul veșnic verde, veșnic tânăr"*. Înconjurată de tinerețea elevilor ei, a copiilor ei, a rămas mereu Ea, cu sufletul tânăr, visător, ca-ntr-o poveste a poeziei Carmen! Din pragul casei, cel drag inimii ei, răspunde:

„Și eu trec de-a lung de maluri,
Parc-ascult și parc-aștept
Ea din trestii să răsară
Și să-mi cadă lin pe piept."[ref_7]

Am putea fi părtași ai acestui minunat peisaj, cu un platou de pișcoturi și o cupa de șampanie!

Pişcoturi de șampanie (1)

Ingrediente:

- un ou întreg
- 4 linguri de zahăr
- 50 g. de unt sau margarină
- 10 g. de amoniac alimentar
- făină cât cuprinde pentru o cocă consistentă

Preparare:

Se freacă bine oul cu zahărul și se lasă să stea o jumătate de oră. Apoi se adaugă untul, amoniacul stins în oțet ori zeamă de lămâie și făină cât cuprinde. Se întinde o foaie de 5 mm grosime, care se taie cu forma de pișcoturi. Se pun în tava ușor unsă cu ulei și se coc la foc domol.

Pişcoturi de şampanie (2)

Ingrediente:

- 7 ouă
- 500 g. de zahăr
- 12 linguri de ulei
- 1 ceaşcă de lapte
- coaja rasă de la o lămâie
- 3 linguriţe de amoniac alimentar
- făină cât cuprinde

Preparare:

Cele 7 ouă întregi se freacă cu 500 g. de zahăr. Se adaugă uleiul în fir subţire, laptele, mirodeniile, amoniacul stins în oţet şi făină cât cuprinde. Din coca obţinută se întinde o foaie de 5 mm, care se taie cu forma de pişcoturi. Se coc la foc domol. Sunt foarte gustoase şi spornice. Au un gust mult mai delicat decât cele din comerţ.

(22 aprilie 1982, Slatina, Tanţa Albotă)

Tanţa

Locuiam în Slatina şi aveam colegă de serviciu pe Tanţa Albotă. Eram cam de aceeaşi vârstă, în jurul a 30 de veri, când spicul abia a dat în copt. Tanţa locuia cu socrii ei. Soacra ei era basarabeancă de origine, refugiată cu ce a fost pe ea din calea armatei ruseşti în 1944. Doamna Albotă ne povestea că refugiul a fost ceva cumplit de suportat de familia sa, precum si de toată lumea cuprinsă în acel vârtej al disperării. A trebuit să se deghizeze în ţigani, vopsindu-şi părul auriu natural, în negru tăciune. Aşa soldaţii ruşi au crezut că sunt ţigani şi i-au lăsat să treacă Prutul cu căruţa spre Romania. În căruţă erau părinţii ei, fraţii şi câteva covoare, doi saci cu mălai și unul cu făină. Restul gospodăriei de oameni înstăriți în satul lor, a rămas în calea trupelor de ocupație. Ajunși în România au mers pe malul Oltului pentru a se așeza și a fi cât mai departe de granița cu rușii. Aici viața a început cu un bordei săpat în pământ pe terenul satului Clocociov, lângă Slatina. Apoi bordeiul s-a transformat în casă și viața a continuat așa cum oamenii gospodari știu să o facă.

Au venit vremurile comuniste și în Romania, iar casa lor cu toată gospodăria înjghebată cu multă trudă a fost demolată pentru a se construi cartierul de blocuri din Clocociov. Familia Albotă având și doi băieți elevi deja la Liceu, a fost mutată la bloc, într-un apartament cu două camere. Socrii colegei mele au continuat viața așa cum li s-a oferit ea: precum melcul, cu casa în spinare. Colega mea locuia în acel apartament împreună cu socrii ei, așteptând ziua în care va primi și ea o locuință. Și ziua aceea a sosit! Soacra Tanței venea la noi la birou și ne aducea tot felul de dulciuri pregătite de dânsa. Era o gospodină desăvârșită! Avea o particularitate: nu oferea rețetele și nici nurorile dânsei nu le aflau. Avea un loc secret în casă unde păstra un caiet în care notase o mulțime de rețete. Într-o zi, din întâmplare, Tanța a găsit caietul. A venit cu el la serviciu și am început scrierea după dictare. Tanța dicta, noi scriam, iar eu scriam cu foaie de indigou, ca sa avem un exemplar si pentru ea. Am scris o zi întreagă cât am putut de mult, dar nu am reușit să copiem totul, fiind multe rețete de prăjituri, mâncăruri, aperitive etc. Tanța a dus caietul acasă, l-a pus acolo unde l-a găsit, dar de atunci nu l-a mai găsit niciodată. Anii au trecut, viața a trecut ca trenul prin gară și într-o bună zi, doamna Albotă a plecat pe tărâmul de dincolo de lumea vie. Tanța fiind ocupată cu cele necesare unui așa eveniment, nu a dus grija caietului cu rețete. Când s-a liniștit l-a căutat dar nu l-a mai găsit. Fusese altcineva, se pare, mai iute de mână! Toate pomenile le-a onorat Tanța, pregătind dulciuri și aperitive din rețetele soacrei ei, rețete furate de ea și răspândite către noi și noi către toți cei dragi nouă. De fapt aceasta este pomana! Bunica mea spunea că o prăjitură pe care o prepară toți cei cărora le-ai oferit-o cu tot sufletul, este pomenirea adevărată a celei care a cunoscut-o. Așa poți rămâne în amintirea tuturor cunoscuților!

Crema de tort universală

Poate fi folosită la prăjituri cu foi ori la tort.

Ingrediente:

- 250 g. de zahăr
- 4 ouă întregi
- 3-4 linguri cu cacao
- esență de rom
- un pachet de unt ori margarină

Preparare:

Se freacă zahărul cu ouăle întregi pe baie de abur, până se îngroașă. Se dă la rece. Separat se freacă untul spumă (pus câte un pic pe baie de abur). Se amestecă untul cu ouăle frecate în prealabil cu zahăr, punând câte un pic în castronul cu unt, se freacă, iar se mai adaugă putină compoziție de ou. Când sunt amestecate bine se adaugă cacao și esență de rom.

(22 aprilie 1982, Tanța Albotă, Slatina)

Plăcintă basarabeană

Ingrediente:

- 1 pachet de brânză de vaci (250 g.)
- 1 ou întreg
- 1 praf de copt
- 1 pachet de margarină (250g.)
- făină cât cuprinde

Preparare:

Toate aceste ingrediente se pun într-un castron și se frământă. Se lasă la rece o oră, apoi se întinde o foaie groasă de 5 mm. Se taie în pătrățele și se umple cu brânză sărată ori cu gem. Se coace la foc potrivit.

(8 dec 1982, Tanța Albotă, Slatina)

Sardele

Ingrediente:

- 1 kg de pește congelat ori proaspăt
- 1 pahar de ulei (100ml)
- 2 pahare de apă
- câteva boabe piper
- foi de dafin (1-2)
- sare după gust
- jumătate de pahar de oțet (se poate și mai puțin, după gust)

Preparare:

Peștele se curăță și se taie rondele groase de 1-2 cm. Se așază într-un vas de tuci, fiecare rondea una lângă alta. Se acoperă cu apă, se pune un praf de sare, piper, dafin și un pahar de ulei (100ml). Din experiența mea, uleiul poate fi redus până la jumătate, adică 50 ml. Se pune la foc domol timp de 3 ore. Dacă se constată că scade sosul la fierbere, se completează cu apă rece. Se servește ca aperitiv, fiind foarte gustos.

(11 aprilie1983, Tanța Albotă, Slatina)

Aperitiv pentru zilele de post și nu numai

Ingrediente:

- 1 kg de gogonele
- 1 kg de morcovi
- 1 kg de gogoșari
- 1 kg de ceapă
- 250 ml de oțet
- 750 ml de apă rece
- 100 g. de zahăr
- 1 lingură de sare
- foaie de dafin (1-2)
- 250 ml. de ulei

Preparare:

Se curăță zarzavaturile și se taie cubulețe. Se amestecă cu restul ingredientelor. Se pune compoziția în borcane de 800 ml. Se capsează și se dă la fiert în baie de abur o oră. A doua zi se pun borcanele în cămară. Poftă bună!

Ketchup preparat în casă

Ingrediente:

- 2 borcane de pastă de roșii (ori 5 kg roșii tocate, fierte și scăzute ca un bulion dens)
- 250 g. de zahăr
- 1 cană de oțet
- 2 linguri de muștar
- sare după gust
- jumătate de lingură de piper măcinat
- jumătate de lingură de boia iute

Preparare:

Se omogenizează compoziția și se pune în borcane. Se pune la fiert pe baie de abur, în borcanele capsate, timp de o oră. Se păstrează foarte bine pentru iarnă.

Băjești, satul de la gura Raiului

Așezat într-o superbă zonă de trecere de la deal spre munte, udat de râul Bratia ale cărui maluri devin neîncăpătoare primăvara când se topesc zăpezile iernii de pe crestele Munților Făgăraș, se află un sat pitulat între livezile de pruni și de meri ori grădinile cu zarzavat. Locuitorii sunt buni gospodari și se cunosc atât de bine, încât ograda fiecăruia este la fel de bine îngrijită precum a vecinului. Ești tentat, ca simplu călător să crezi că este una peste tot. Satul este situat la mai puțin de 30 Km de orașul Pitești, capitala județului Argeș. Dacă nu ați ghicit despre ce sat povestesc, atunci am să vă ajut spunându-vă că este socotit din timpuri foarte vechi ca fiind satul de la gura Raiului și poartă numele de Băjești, după numele Banului Muntean Mareș Băjescu. Acest Ban al Munteniei a zidit o Biserică cu hramul Adormirea Maicii Domnului, așezată într-o margine a lui, pe un deal folosit ca poziție strategică de apărare în timpurile grele ale istoriei. Biserica a fost zidită cam pe la anii 1663-64, iar pictura a fost realizată în intervalul anilor 1666-1669 de mâinile maestre ale meșterului Todoran Zugravul. Biserica și Conacul cu curțile fortificate au fost construite în stil bizantin, aparținând secolului al XVII-lea. Despre istoria acestei așezări s-a ocupat un locuitor al vremurilor noastre, Profesorul Nicolae Pantazică. Fiind profesor de Limba și Literatura Română, nu a rămas indiferent istoriei pământului pe care-l locuiesc fii satului. A scris și s-a ocupat să lase urmașilor o poveste adevărată despre cine au fost bunii și străbunii lor, pentru a nu se da uitării și ștergerii din memorie a viței neamului românesc. O faptă demnă a cărei unică prețuire rămâne memoria vie a fiecăruia dintre noi în călătoria prin viață, de a păstra și transmite urmașilor noștri identitatea poporului și valoarea sa istorică! Aduc mulțumiri personale Domnului Profesor Nicolae Pantazică!

Întâmplarea joacă un rol important în viața omului, dar se spune că nimic nu este întâmplător, ci totul este sortit de Ziditorul Cerului și al Pământului! Astfel viața mi-a dus pașii și mie în acest sat, fiind nora unuia dintre fii săi. Am pășit într-o dimineață de duminică în Biserica satului însoțită de doi dintre fii săi, Ciocănea Dumitru, a cărei nora eram, și Borcăneci Ion, nepotul socrului meu. În fața Sfântului Altar slujea Preotul Paroh Constantin Marinescu. Biserica era în faza de proiect de renovare, dar slujba săvârșită de Preot era înălțătoare! Am ascultat-o cu pioșenie! Peste ani, am revenit în Băjești cu prilejul unui eveniment trist ce se petrecea în familia noastră. Același Preot a sosit să săvârșească slujba înmormântării. Am fost impresionată de credința cu care a slujit, precum și de perfecta dicție cu care a rostit fiecare cuvânt. Este un mare talent la un preot, modul în care rostește cuvintele sfinte! Preotul Marinescu este un slujitor al Domnului de mare preț și un reprezentant de cinste al Bisericii Ortodoxe Române! Sătenii Băjeștiului sunt bogați spiritual cu un așa Preot! În satul Băjești, în curtea Bisericii odihnesc trupurile sătenilor plecați în lunga călătorie de dincolo de viață. Am găsit acolo un Cimitir atât de plin de flori, cu morminte săpate în adâncul pământului, udate de lacrimile celor veniți să aprindă o lumânare. Mi-a plăcut simplitatea și naturalețea acestui cimitir. Parcă auzeam șoaptele celor plecați, iar dangătul clopotelor parcă erau o chemare către Dumnezeu. Dang-Dang! Răsuna valea, răsuna satul și ecoul răspundea propagând sunetul. Se sfârșise Sfânta Slujbă! Sătenii ieșeau de la Biserică îndreptându-se spre casele lor. Bărbații erau îmbrăcați în costumele de duminică și purtau toți pălărie, iar femeile erau decent îmbrăcate și aveau baticuri ce le acopereau capul. Acest peisaj mi-a amintit de satul copilăriei mele petrecute pe dealurile Mehedințiului. Era tot un sat de deal spre munte și oamenii tot așa erau sosiți la Biserică, cu respectul și cuviința moștenită din străbuni. Mă gândeam că așa cum Bunii noștri au păstrat de mii de ani tradiția poporului, așa s-ar cuveni ca și noi cei din urmă s-o păstram și s-o transmitem nepoților noștri. Chiar dacă

„Noi avem în veacul nostru acel soi ciudat de barzi,
Care-ncearcă prin poeme să devină cumularzi,
....
Azi, când patimilor proprii muritorii toți sunt robi,
Gloria-i închipuirea ce o mie de neghiobi
Idolului lor închină, numind mare pe-un pitic
Ce-o beșică e de spumă într-un secol de nimic."ref_8

Timpurile au venit și au plecat, oamenii s-au schimbat, dar năravurile au rămas aceleași. Și acum ne putem pune întrebarea:

„Voi sunteți urmașii Romei? Niște răi și niște fameni!
I-e rușine omenirii să vă zică vouă oameni"ref_9

În vremurile României interbelice, satul Băjești era locuit de oameni harnici și cinstiți. Faptul că aveau porțile închise cu un drug și atât, ori ușa casei cu o cheie ce era pusă într-un cui în tocul de lemn, denotă că oamenii nu se temeau de hoți, pentru că nici nu existau astfel de specimene în satul lor. În timpul îndepărtat al anilor 1940 se vorbește de un caz întâmplător, când o femeie, purtată de cine știe ce nevoie a furat o pasăre. Pentru acest fapt, Jandarmul satului a purtat-o pe toate ulițele, pentru a o face de rușine. În timpurile construcției comunismului în Romania au fost trecute în proprietatea statului pământurile oamenilor, vitele, atelajele, totul. Oamenii au fost chemați să lucreze ca muncitori agricoli pe marea proprietate a statului. De nevoie au făcut-o dar în interiorul ființei lor nu au înțeles niciodată acest mod de viață. Și-au plâns pământurile lor și vitele lor, și toată soarta lor de sclavie. Nu se împăcau cu noile idei, nu înțelegeau de ce sunt atât de săraci fără pământul lor. Lacrimile au curs fiind spălate de apa Bratiei, iar năduful din piept l-au simțit urcând colina Gurguiului ori a dealului Iuda, când se duceau să-și vadă locurile unde își aveau grădinile de zarzavat altădată. Acolo îi cuprindea jalea, pentru că acum aveau doar un petic de pământ în curte... Pe acest petic numit lot ajutător își cultivau legumele și le udau cu multă greutate, cărând apa din Bratia cu saca, un butoi pus în căruța trasă de boi. În sat au venit ingineri specializați în pomicultură, care au pregătit terenurile în terasamente, necesare culturilor de cea mai bună calitate. Pe terenurile unde altădată erau livezi de pruni și meri de o calitate slabă, s-au făcut plantații bine îngrijite și cu o productivitate mare. Au devenit renumite livezile de meri pitici, merele ionatane, golden și multe alte soiuri de pruni, de gutui etc, toate de cea mai bună calitate. Toamna se umpleau piețele cu fructele crescute în gradina Țării de fii ei. Apoi la export se încărcau zecile de vagoane de fructe ce duceau faima rodului pământului românesc. Și de unde Dumnezeu dă cu prisosință, sătenii se mai atingeau și ei cu câte un paner de fructe pentru acasă. Nu era pagubă și nimeni nu se supăra pentru atât.

Dar lăcomia și necinstea s-a strecurat tiptil și pe nesimțite în sufletul acela curat de om muncitor, iar pe unii a pus stăpânire dorința de a agonisi roade din livada statului spunându-și: *„dar ce, nu este și din pământul meu?"* Și a mers această stare de lucruri peste tot, în toată țara, până într-o zi când calendarul vremii a bătut gongul anilor 1990. Pământurile s-au împărțit la săteni, iar marile și rodnicele plantații au rămas în grija fiecăruia după cum s-a priceput. Inginerii specialiști au plecat în lume să-și găsească alt loc de muncă. Plantațiile au dat rod bun câțiva ani, dar treptat au îmbătrânit, au secat îngrășămintele cu care fuseseră tratate pământurile și într-o zi au început să se usuce toți pomii, rând pe rând... Noii proprietari, care erau urmașii acelora ce au plâns cu multe lacrimi pământurile lor, nu au știut să se ridice la nivelul superior de îngrijire al plantațiilor. Această neștiință era de fapt neputință. Nu aveau banii necesari să investească în culturi. Statul român se afla în faza de capitalism sălbatic. Acest stat le dăduse pământurile oamenilor cărora li se cuvenea, dar împroprietărise și pe alți *„șmecheri"* falimentând fabricile, uzinele, combinatele de îngrășăminte din țara noastră. Oamenii au rămas fără mijloc de existență, dependenți de un ajutor de șomaj ori și-au luat lumea în cap cum se spune în popor și au plecat în pribegie în țările occidentale să muncească. Banii i-au adus tot acasă, în băncile romanești. Nu s-au ales decât cu pribegia și oasele frânte de muncă...

Așa zișii noi stăpâni ai pământurilor au avut de fapt, aceeași soartă ca a părinții lor. Au plâns neputința lor de a munci aceste pământuri. Dar au venit salvatorii! Rechinii imobiliari, făpturi care nu au avut niciodată nimic muncit de ei. Acum au dat *„tunuri"* în bănci, au furat cu acte în regulă bunuri materiale, au vândut la fier vechi utilaje noi din fabricile țării sub pretext ca sunt depășite tehnic. Ele erau foarte performante. Abia fuseseră achitate Occidentului de Regimul Ceaușescu cu bani mulți, munciți de acest popor care nu a avut nici duminici, nici zile de sărbătoare, nici vacanțe în străinătate. Nu a avut decât zile de muncă, de cozi la magazinele alimentare pentru un litru de lapte, ori un kilogram de carne. Da, noi suntem generația care am avut salamul cu soia și nu-l găseam nici pe acela în magazine! Am muncit cuminți, supuși, strângând din dinți, pentru că am sperat ca țara noastră să fie mai bogată și prin munca noastră. Nu am visat nici în cele mai negre gânduri că vom fi trădați, vânduți, batjocoriți de niște semeni ai noștri și nu de Occident. Acesta a fost marele câștigător. A primit totul oferit cadou de către trădători. Ce au obținut ei? Câteva sute ori mii de lei în valută, o vilișoară prin Elveția sau Austria, iar alții cu gusturi pentru apă și plajă s-au dus în Spania ori pe Coasta de Azur a Franței. Oriunde s-ar fi dus, tot criminali vor fi considerați într-o zi, când chiar nepoții lor îi vor judeca. Averile realizate cu munca furată de la alții, într-o zi vor fi jucate la Cazinouri de beizadelele acestor trădători, iar nepoții lor își vor aduce aminte că rămași fără acoperiș deasupra capului, săraci și considerați paria în acea lume străină, vor căuta acel petec de lume romanesc, care nu se știe cum se va mai numi atunci, și vor veni să-și adape sufletul însetat și prigonit, aici în apele și pământurile strămoșești. Vor trece anii ca pasările în zbor și va veni acel timp. Noi, generația salamului cu soia vom fi trecut demult pragul eternității. Amintirile noaste vor fi găsite că au fost vii, adevărate. Spre exemplu la Craiova în Uzinele Electroputere, erau plăcuțe metalice montate pe utilaje pe care scria cât au costat și anul fabricației. Ce era această fabrică la acea ora? O putere economică mare cu renume mondial. Ce este acum? Un mol în proprietatea unor cetățeni de origine arabă, care au venit în Romania ca studenți cu 100 de dolari în buzunar, și au ajuns să ne cumpere pe câțiva gologani. Și sunt multe, multe exemple asemănătoare. Cine sunt vinovații? Nu se cunoaște răspunsul oficial. Adevărul îl știm cu toții. Aceşti rechini au cumpărat pământuri, păduri, munți... Abia acum suntem săraci! Când comuniștii au luat pământurile, ne-au pus să le muncim. Roadele plecau cu vagoanele în lume, dar mai rămâneau și pentru noi acasă, pentru că pământul era bun și rodea. Eram sclavi în țara noastră, dar ni se spunea că munca în colhozurile sovietice înseamnă înfrățirea popoarelor sovietice cu poporul român! Ce preț scump ne-a oferit istoria! Cât ne-am dorit libertatea! Și am crezut ca am găsit-o ! Dar ce am găsit?

Acum am găsit sărăcia, hoția, minciuna în care ne-au adus câțiva compatrioți de ai noștri, nu semințiile străine! Departe de mine gândul că au adus binele țării comuniștii, dar cei ce i-au urmat, sălbaticii capitaliști, au fost incomparabil mai răi și mai hotărați să devalizeze țara. Oamenii s-au robotizat. Sufletele li s-au uscat. Copiii nu se mai joacă jocurile copilăriei, pentru că au ochii împăienjeniți de ecranul calculatorului unde socializează. Oamenii altădată ieșeau la poartă, în uliță, pe stradă, în parc, se întâlneau, comunicau. Acum înțepenesc în fata ecranului de calculator, ori ies la plimbare în MOL. Am devenit generația orbilor, care face dialogul surzilor! Mă duc cu gândul și la soarta Uzinei de Autoturisme Dacia. Visul părinților noștri de a cumpăra o „Dăciuță", așa cum o mângâiau ei. Nu era plăcere mai mare decât să colinzi în vacanță crestele munților și splendoarea stațiunilor de la Munte și Mare. Și Dăciuța noastră mergea binișor și orice piesă se defecta se putea repara imediat și cu preturi omenoase. Îmi amintesc doar cum la un drum s-a înfundat „jiglerul" iar soțul meu l-a demontat și l-a suflat și a fost îndepărtat gunoiul, care provenea din benzina de proastă calitate. Acum, în zilele prezente, nu ai decât să chemi remorca să te ducă la un atelier. Dar v-ați dus vremuri, v-ați dus! Atunci Băjeștii erau în floare. Aproape tot satul avea o „Dăciuță" în curte.

Localnicii Băjeștiului sunt printre cei ce au pus temelia Uzinei de Autoturisme Dacia. Ei au lucrat miile și zecile de mii de Dacii care erau bogăția și mândria României, chiar dacă ne numeam Republică Socialistă. Aveam un nume, un brand de țară, cum se spune mai nou, și ne-am mândrit cu reușita muncii celor de la Uzina de Autoturisme de la Colibași. Asemenea am fost mândri de mașinile lucrate la Câmpulung Muscel, mașini de teren căutate de multe țări chiar și de peste Ocean. Este vorba despre mașina ARO! Aceste povești trebuie spuse urmașilor noștri! Și multele altele care nu trebuie date uitării. În sufletul și inima mea satul Băjești este o perlă în care au crescut multe vlăstare și este o speranță a reînvierii puterii creatoare a poporului român, precum pasarea Phoenix, din propria cenușă!

Una din superbele gospodine ale Băjeștiului este Doamna Borcăneci Maria (Pușica). Și Dânsa ca multe alte doamne din satul Băjești precum și din împrejurimile lui, au muncit mulți ani în Uzinele de Autoturisme Dacia. Și-au trecut anii tinereții muncind cu speranța formarii unui viitor frumos, pentru generațiile următoare de tineri. Acum sunt pensionare și sunt cele mai pricepute gospodine în arta culinară și nu numai atât. De la Doamna Pușica am o minunată rețetă de prăjitură, numita atât de sugestiv Cuburi de Ciocolată. O voi descrie mai jos.

Cuburi de Ciocolată

Ingrediente:

- 4 gălbenușuri
- 100 g. de unt (margarină)
- 200 g. de zahăr
- 120 ml de lapte
- 1 praf de copt
- 3 linguri de cacao
- 200 g. de făină

Preparare:

Blatul:

Într-un vas, pe baie de abur, se freacă zahărul cu cele 4 gălbenușuri de ou, până se dizolvă bine zahărul. Se adaugă în continuare untul, laptele, făina cu praful de copt, și cacaua. Compoziția obținută se pune în tava tapetată cu hârtie de copt și se dă la cuptor la foc potrivit. Pentru început 100°C, apoi se crește treptat până la 180-200°C. Se scoate din cuptor și se așază pe platou.

Bezeaua:

Din cele 4 albușuri și cu 200 g. de zahăr se bate cu telul o bezea până se ține tare. Vasul în care pregătiți bezeaua este bine să-l aveți pe baie de aburi, nu pe flacără direct. Bezeaua rezultată o puneți peste blatul aflat pe platou.

Glazura de ciocolată:

Este indicat să utilizați ciocolata de menaj topită pe baie de aburi. În lipsa acestui ingredient, realizați o glazura astfel:

- 100 g. de unt
- 200 g. de zahăr
- 4 linguri de cacao
- 3 linguri de lapte

Toate se pun într-un vas pe baie de aburi și se fierbe până se îngroașă. Atenție! Nu o fierbeți pe flacără pentru că este mai complicat și se poate să greșiți momentul când este suficient de groasă. Glazura de ciocolată se pune peste bezea. Se dă la rece și se taie în formă de cuburi. Se taie foarte bine cu un cuțit cu lama lungă și subțire. Tăierea se face dintr-o dată, adică nu se ridică lama cuțitului de mai multe ori. Dacă v-a ieșit glazura moale, tăiați cu cuțitul muiat în apă fierbinte, tot așa dintr-o mișcare. Succes!

Din Sălașul de Sus până în Cetatea Sibiului

Sălașul de Sus este o așezare omenească atât de veche încât nici istoria nu o poate povesti pe de-a-ntregul. Se vorbește despre existența acestui sat ca fiind o așezare umană feudală. Dar cine poate spune că aici nu s-au așezat dacii liberi? Nimeni nu poate contesta vechimea și istoria acestor locuri. Satul este o comunitate socială bine închegată, situată la răscrucea drumului de trecere dintre cele trei zone geografice ce unesc Banatul de Transilvania și de Oltenia. Când ridici privirea spre cerul senin al verii, în miezul zilei, Soarele îți luminează privirea și zărești hăt departe cum se înalță mândrul munte Retezat. Desigur că nu te poți rătăci, pentru că pământul pe care îl calci tu, călătorule, este cel din Țara Hațegului. Acolo unde fetele sunt frumoase, cu obrajii îmbujorați, rumeni ca merele coapte, iar flăcăii sunt înalți ca brazii, voinici, cu brațele puternice și mintea sprintenă. Duminica la horă în sat joacă de rup pingelele, chiuie de veselie! Jocul lor cel mai drag este Hațegana! Se prind în horă și nevestele, purtând baticuri roșii înflorate și costume naționale autentice, cu ia cusută cu arnici prins în muște în forme de flori, de frunze sau diferite figuri geometrice cu înțelesuri populare din vechimea pământului. Fota este cea mai frumoasă piesă a costumului național, țesută în război de bunici ori de neveste, fiind folosită lâna oilor țurcane și culoarea naturală a florilor pădurii și a câmpiilor. Totul natural, fără nimic chimic, fără nimic din arta fabricilor de la orașe. Flăcăii poartă „cămeșa" albă înflorată cu cusături realizate de mâinile meștere ale mamelor ori nevestelor lor. Mijlocul le este încins cu un chimir lat din piele și înfrumusețat cu fel de fel de motive naționale incrustate ori cusute direct în piele. Dar nimic nu este mai de preț decât clopul. Dacă nu ai clop, nu ești hațegan! Clopul este realizat de o breaslă pricepută doar în așa ceva. Sunt meșteri care și-au transmis din tată în fiu acest meșteșug. Nu este deloc ușor de realizat. Dar tocmai acest fapt face farmecul clopului. Flăcăii, când pornesc împețiți la casele fetelor, trebuie să aibă musai un clop nou și nu oricare. Trebuie să fie cu meșteșug și fain, după cum spun ei.

Dar drumețule, dacă pașii tăi vor călca acest pământ vreodată, să nu uiți că oamenii sunt primitori, ospitalieri și au plăcere să-ți spună despre istoria locurilor lor și despre poveștile aflate de la „moșul", adică bunicul, ori la vreo șezătoare în nopțile lungi de iarnă. Așa vei afla că locul este împresurat de istorie pe care tu în știința ta din cărți, poate, nu ai aflat-o în toate amănuntele. Aici, în Sălașul de Sus, ca de altfel în tot cuprinsul Țării Hațegului, se găsesc vestigii istorice daco-romane precum Ulpia Traiana Sarmisegetuza, cetăți medievale cu turnuri precum sunt Cetatea Colț, Cetatea Răchitova, Castelul Corvinilor și câte alte și alte locuri minunate încărcate de istoria noastră. Dacă ajungi în inima satului găsești strălucind în soare, văruite în alb curat, Bisericile mai multor culte religioase. Dar acest fapt nu-i un „bai". Adică oamenii se înțeleg, se iubesc și conviețuiesc de sute și mii de ani rugându-se de sănătate la același bun Dumnezeu, indiferent că biserica este ortodoxă, catolică, reformată etc. Biserici vechi precum timpul sunt Biserica din Densuș, Sântămăria Orlea, ori Mânăstirea de la Prislop, aflată chiar la câțiva km de satul Sălașul de Sus. Dacă inima ta călătorule, vibrează în ritmul ascultării de Dumnezeu, sigur găsești drumul îngust ca o potecă, străjuit de case de o parte și de alta, ce coboară undeva într-un alt drum mai lat și mai umblat, ce duce spre localitatea Silivașul de Sus. De aici se poate merge spre Hunedoara pe Drumul Județean 687K, iar la 13 km se afla orașul Hațeg. La o răspântie ce nu întârzie să apară, se face un drum de țară, pavat cu pietriș mărunt, drum care duce în maximum 2 Km, la Mânăstirea Prislop. Aici te vei întâlni cu sufletul tău. Nu este o figură de stil, este chiar așa cum îți spun. Profesorul Dumitru Constantin Dulcan, în cartea să Inteligența Materiei, spune: *„Suntem aici, în acest colț de Univers, expresia ultimă a evoluției. Mâna unui arhitect inteligent și nevăzut ne-a desprins din lut și ne-a construit după un plan din care transpare unicitatea sursei, treaptă cu treaptă, până la nivelul creierului capabil să se gândească pe sine."* Senzația ușurării spiritului nostru, ajunși în fața mormântului Preotului Arsenie Boca, nu este decât o treaptă urcată de fiecare dintre noi, spre puterea gândirii și înțelegerii realității ce o trăim. Aici găsim și soluțiile problemelor care ne apasă. Preotul Arsenie Boca, Sfântul Ardealului, spunea în ultimele zile ale vieții sale că va fi de mai mare ajutor oamenilor, de acolo din lumea de dincolo, decât din cea vie. Noi oamenii obișnuiți nu înțelegem sensul acestor vorbe, dar prin prezența vie a fiecăruia dintre pelerinii sosiți la mormântul său și prin trăirea puternică a acelor momente, înțelegem forța gândului și puterea percepției lui. La mormântul său vin zilnic, indiferent de anotimp, sute și sute de pelerini. Unii sunt organizați în grupuri și vin cu autocarele, dar mulți vin cu autoturismele proprietate personală, iar alții vin cu pasul și povara „straiței" în spate. Straița este sacul ori sacoșa omului de la munte, confecționată dintr-o bucată de „macat" țesută în război acasă. O poartă pe umăr încărcată cu merinde, adică pita și slana date din mila Domnului în orice gospodărie. Cu toții, orășeni ori săteni ai locului vin aici cu o durere în suflet. Pentru că așa este omul clădit, când află că este în necaz găsește și cărarea Bisericii. Și vine omul de la mari depărtări și face mari eforturi doar, doar își va afla ușurarea sufletului înrobit de greutatea necazului ce-l poartă. În fața mormântului Sfântului Ardealului fiecare om sosit își simte genunchii moi, mădularele tremurânde și umerii grei, aplecați în semn de pioșenie. Aici tot omul îngenunche, își pleacă fruntea și-l năpădesc lacrimile instantaneu. Nici nu știe de ce mai plânge, ori din ce pricină a bătut atâta amar de drum. Mintea îi este goală și lacrima fierbinte și din toată inima izbucnită ca lava unui vulcan. În cele câteva minute pe care le petreci la Stâlpul de la capul mormântului Preotului Boca, simți cum treci prin toată viața ta și prin toate gândurile tale cu viteza fulgerului ploii repezi de vară. Te ridici, te reculegi și simți o ușurare a ființei tale, ca o descătușare de lanțuri grele și reci. Pleci cu pasul mai ușor și te îndrepți spre izvorul cu apă rece și lină ce udă mijlocul curții Mânăstirii. Acolo abia te înviorezi cu o gură de apă rece de izvor de munte. Pașii îți alunecă ușori spre Biserica Prislop, acolo unde a slujit Preotul Arsenie Boca. Intri ca într-un sanctuar și constați că ești parcă într-o boltă a cerului. Încăperea este atât de mică și modestă, dar plutește în ea atâta Univers încât ți se pare că ești undeva pe Mări, pe Oceane, în înaltul văzduhului. O Măicuță firavă, cu umerii aplecați în adâncă smerenie, stă în genunchi în fata micului, dar de fapt Marelui Altar, rugându-se pentru sănătatea tuturor pelerinilor sosiți acolo. Pe o masă într-un colț al Bisericii găsești un pix și multe foi volante de hârtie. Poți să scrii numele tuturor celor vii și morți ai tăi, călătorule, pentru că sigur aici se vor citi și ruga pentru cei numiți de tine măicuțele, în ceasurile de slujbă și rugăciune din zi și noapte. Aici totul se respectă așa cum scrie Sfânta Scriptură! Poate ai să întrebi pe cineva din jur câți bani trebuie să plătești pentru aceste rugăciuni. Pentru că noi, oamenii de rând, așa suntem obișnuiți, să plătim totul în bani. Acolo la Prislop aflăm ceva unic în viața noastră. Nu trebuie să plătim. Banii nu au valoare în fața lui Dumnezeu. Dar dacă avem bucuria și puterea materială să depunem un bănuț mic necesar întreținerii Mânăstirii, se poate depune în cutia milei cât poate fiecare. Pleci spre casă îngândurat dar habar nu ai la ce te mai gândești. Simți că o vibrație și o încărcare spirituală deosebită pune stăpânire pe tine chiar din momentul în care ești lângă mormântul Sfântului Ardealului și pe care o porți în adâncul sufletului și trupului, cu tot lutul din care este plăsmuit. Se lasă liniștea în inima ta. Ajuns acasă parcă ai o agendă de fapte a căror rezolvare deja o cunoști. Aceasta este puterea credinței tale în Cel de Sus, precum și puterea credinței Părintelui Boca în reușita Binelui și înfrângerea Răului. Explicația acestei stări ne-o dă profesorul D. C. Dulcan, în lucrarea sa Mintea de dincolo, unde spune: *„Este de asemeni important de observat că „dincolo" este tot aici, într-un univers spiritual paralel cu cel fizic, dar încă invizibil percepției noastre."* Acesta este talcul misterului vorbelor Preotului Arsenie Boca.

Pe aceste locuri sfinte au călcat în vremi trecute multe familii nobile precum cea a cărei așezare este chiar în Sălașul de Sus, fiind cunoscută sub numele de Curtea Nobiliară de la Sălașul de Sus, ori Castelul Kendeffy.

Țara Hațegului în al cărui cuprins se află satul Sălașul de Sus este atrăgătoare și prin locurile de cazare oferite călătorului, precum și prin preparatele culinare servite de cele mai pricepute gospodine. Doar se știe că Ardealul este „fruncea"! Aici, într-o casă obișnuită de oameni gospodari, noi am fost întâmpinați (eu, povestitorul, și soțul meu Liviu) de ardelenii cei mai dragi nouă, Tanti Pia și Nenea Ștefan Goagă. În curtea lor plină de flori, de iarbă împestrițată cu floricelele traista ciobanului și păpădie, am găsit sub umbrar o masă minunată așezată sub fereastra casei și încărcată cu bunătăți. Aici am gustat Sângerul de Sălaș, vîrșii (cârnați în mațe de oaie), pup de crump (plăcintă de cartofi cu lapte bătut), ghiudem (un fel de cârnat atât de bine uscat încât este foarte tare), sângerete (un mezel preparat din măruntaiele porcului la care se adaugă și sânge în stare proaspătă, adică imediat după sacrificarea porcului), slană (ceva ce nu seamănă cu șunculița noastră oltenească, cu toate că este tot o bucată de slănină de porc). Modul de preparare este diferit, în special procesul afumării, atât al slanei cât și a cârnaților. Aici meseriaș este Nenea Ștefan, care povestește despre un anume lemn de fag cu care se face focul și apoi se produce fumul care durează câteva zeci de minute sau o oră, după care se stinge, și se reia după alte ore de pauză. Este un întreg ritual ardelenesc. Rezultatul este o slănină minunată și niște cârnați insuficient de lungi, ca să ajungă de la Crăciun până la următorul Crăciun, așa cum am dori noi toți! Ehei, și minunățiile astea ajung și peste Oceane, în depărtările Canadei, acolo unde sălășluiesc de mulți ani o parte din copiii lui Nenea Ștefan și Tanti Pia. Este vorba de fiica lor Anca și soțul ei Vian, împreună cu nepotul Ștefănel. Dar dacă intrăm în cămara lui Tanti Pia, găsim rafturile încărcate cu dulcețuri de fructe de pădure, de vișine care sunt culese chiar din vișinul din fața casei, de prune care de asemeni sunt culese din prunii din livada casei și mai sunt niște borcănele cu o zacuscă de nu se poate povesti cât este de delicioasă. De asemeni multe salate, fie de sfeclă, fie de legume, fie murături de toate sorturile. Un rai al gospodăriei! Ei, dar să nu-l uităm pe Nenea Ștefan, care are în primire beciul, punctul forte al gospodăriei. Aici se află aliniate printre grinzile groase de lemn, damigenele cu vin roșu dintr-un ananas oltenesc. Ne simțim și noi cumva părtași la capitolul vin, pentru că în ultimii ani am ajutat la obținerea strugurilor de același viticultor de la care ne încărcăm și noi belșugul pivniței noastre. Nenea Ștefan are și o palincă ce numai la el poate fi găsită! Este un artist în producerea acestei băuturi. O pregătește din prunele culese toamna și lăsate să fermenteze pe îndelete până primăvara, când dă coltul ierbii și mieii se pregătesc în cuptoarele gospodinelor pentru serbarea Sfintelor Sărbători de Paște. Atunci, înainte cu câteva săptămâni, Nenea Ștefan pune primul cazan la fiert. Apoi toată primăvara fierbe câte unul pe zi, pe îndelete, ca ardeleanul. Sigur că „o trage" de două ori!! Acesta presupune că o fierbe de două ori. Iese o țuică mărgelată, cum zice olteanul, ori o palincă faină, cum zice ardeleanul. Cu o masă încărcată cu atâtea bunătăți și stropită cu un vin de ananas și cu o palincă de Ardeal sută la sută, parcă ar fi timpul să gustăm o prăjitură. Tanti Pia este o maestră și la acest capitol, precum toate ardelencele. Eu am să vă divulg secretul unei prăjituri foarte gustoase, foarte ușor de realizat si foarte îndrăgită de soțul meu, fapt pentru care a devenit prăjitura tradițională a casei.

Prăjitura „Tanti Pia”

Ingrediente:

- 1 pachet mare de foi Lica (foi de napolitane)
- 500 g. de zahăr
- 220 g. de nucă măcinată
- 4 ouă întregi
- 250 g. de margarină sau unt
- coaja rasă de la o lămâie

Preparare:

Etapa I – Într-un vas pe baie de abur, se pun untul ori margarina, cele 4 ouă întregi și 200 g. de zahăr, cântărit separat din totalul de 500 g. Se freacă cu o lingură de lemn până se simte că s-a topit zahărul. O lăsați să stea pe aburi, până efectuați etapa a doua.

Etapa II – restul de 300g. de zahăr se pune într-un vas pe foc, să se caramelizeze. Când a atins culoarea arămie, se toarnă puțin câte puțin peste compoziția ce se află pe baie de abur.

Etapa III – Se adaugă și nuca măcinată în compoziția ce se află în continuare pe abur. Totul se amestecă bine, devenind o cremă fierbinte.

Etapa IV – Se așază foile Lica pe o suprafață plană, fie o tavă, fie o planșetă, după cum urmează: jos la bază se pune o foaie întreagă, fără fisuri ori spărturi, care se pune cu fata în jos, adică cu partea în relief în jos, și partea netedă în sus. De ce? Pentru că se întinde crema uniform și prăjitura va avea în exterior partea în relief. Se pune un strat de cremă, apoi se pun următoarele foi și restul de cremă, rând pe rând, având în atenție să fie cu partea în relief în jos. Ultima foaie se pune cu partea în relief în sus, formând fața prăjiturii. La sfârșit peste prăjitură se așază o greutate care să apese uniform pe toată suprafața. Poate fi o carte, un tocător de lemn, ori o altă posibilitate pe care o aveți. Prăjitura se dă la rece pentru câteva ore până se presează bine. Se pudrează cu zahăr farin, ori se poate pune un strat subțire de glazură de ciocolată sau de zahăr ars. Se taie în formă de romb sau pătrat și se servește alături de o cafea amăruie și un coniac mic garnisit cu o feliuță de lămâie. Poftă bună!

După ce ne-am îndulcit cu o așa prăjitură gustoasă și deosebit de fină, putem face o plimbare prin Parcul Geo, în care găsim fosile de dinozauri pitici, sau putem vizita Rezervația Naturală Retezat, unde găsim o herghelie de cai îngrijiți foarte bine, de asemeni ponei care fac deliciul copiilor, precum și o floră și faună deosebit de bogată și bine îngrijită de personalul care lucrează aici. Tot în această parte de țară puteți vizita Situl Arheologic Sarmisegetuza, care se află în aer liber, încă protejat de mama natură pentru că alte forte nu există, datorită unei enorme doze de inconștientă a celor ce au în grijă Patrimoniul Național, iar mai nou a celor ce au pus gând rău acestor Munți, dorind secătuirea rezervelor de aur și minerale prin metode distructive, adică prin cianurare. Ce va rămâne? Un pustiu plin de substanțe nocive, foarte dăunător vieții și în același timp infestarea apelor ce curg la vale ducând cu ele otrava în toate apele ce udă pământul României. Pentru acest motiv trebuie să militám toți pentru îndepărtarea adepților Exploatării de la Roșia Montană. Plimbarea poate continua mergând spre Petroșani, care se află la 50 de kilometri și unde putem vedea un oraș minier, un oraș unde se află Institutul de Mine, cu un corp didactic bine pregătit și cu studenți din țară și chiar din străinătate, veniți la studii aici pentru a afla tainele măruntaielor pământului. Plecând din Petroșani spre Sibiu, situat la 150 Km, trecând prin Cozia, vom face o superbă plimbare pe Valea Oltului. În Cetatea Sibiului vom fi întâmpinați de un aer occidental modern, îmbinat atât de frumos cu cel vechi. Aici Orașul de jos este cu poezia Sibiului vechi, unde vom admira case cu o arhitectonică medievală, cu portal la intrare asemeni unei cetăți, ori alte case care au eleganța arhitecturii interbelice. Se poate spune că fiecare gospodărie în parte era o mică cetate împrejmuită cu ziduri și porți ca o impunătoare cetate! Orașul de sus este modern, are blocuri, are săli de spectacole, cinematografe noi și încăpătoare, precum și magazine cu vitrine amenajate cu cel mai rafinat gust. Pentru un an de zile a fost declarat Capitală Culturală Europeană! Parfumul vechi atrage turiștii spre Muzeul Brukenthal, care are multe secții risipite în diferite locații și cu o paletă bogată de exponate. Sibienii se bucură și de o Dumbravă chiar minunată, amenajată la marginea orașului, așa cum este firesc. Comunitatea germană și-a lăsat amprenta puternic asupra vieții acestui oraș. Este de admirat că nemții au păstrat gradul de civilizație, de cultură și de respect pentru tradiție nealterat. Chiar dacă mulți nemți au plecat prin anii 1980 în Germania Federală de atunci, fiind îngrijorați de regimul totalitar din Romania acelor ani, gospodăriile și bunul mers al orașului a fost preluat cu multă diplomație de nemții rămași în Sibiu. Anii au trecut, timpurile s-au schimbat, iar după revoluționarul an 1990 au revenit acasă mulți dintre cei plecați, si-au revendicat casele și pământurile, iar viața a continuat. Azi Sibiul este un oraș superb, unde locuitorii trăiesc civilizat, iar ca turist ai impresia la prima vedere că te afli într-o altă Românie decât cea văzută de la București. Pentru a ne lua un rămas bun fericit, aici luând sfârșit călătoria mea cu tine Cititorule, te invit la o cafea în cea mai pitorească zonă a Sibiului, unde ne vom jura ca mulți alții o dragoste eternă care va dura cât un vis, pentru că ne aflăm pe Podul Minciunilor!

Înghețata

În zilele fierbinți ale verii, înghețata este cel mai prețios aliment dulce. Este mult mai comod să o cumpăram din magazinele alimentare, dar cu un pic de efort o putem prepara în casă. Avantajul este păstrarea sănătății familiei. Rețeta pe care o voi prezenta mai jos am primit-o în 14 iunie 1995 de la Geta Mirea, colega mea de serviciu și prietena mea. Iată rețeta:

Înghețată cu cacao

Ingrediente:

- 6 linguri cu apă rece
- 8 linguri de zahăr
- 6 lingurițe de cacao
- 6 ouă
- 1 pachet de unt

Preparare:

Cacaua cu 6 liguri de zahăr și 6 linguri de apă se pun într-un vas și se fierb la foc potrivit până fac bășicuțe. Se ia vasul de pe foc se lasă să se răcorească.

Într-un alt vas se freacă 6 gălbenușuri cu un pachet de unt, până devine o pastă (se poate folosi baia de abur).

Într-un alt vas se bat spumă cele 6 albușuri cu 2 linguri de zahăr, până ce albușurile se țin pe tel.

Se amestecă ușor compoziția fiartă cu gălbenușurile frecate cu unt, precum și cu albușurile bătute spumă tare. Se adaugă un flacon de esență de rom, apoi compoziția obținută se pune în cupe și se lasă la congelator.

Măiestria prietenei mele este datorată pasiunii cu care realizează cele mai sofisticate prăjituri. Acesta este un talent pe care nu-l are orice gospodină. Toate femeile pot pregăti prăjituri având o rețetă bună în față. Acesta este însă un mod de a spune că toate femeile se pricep la toate minunile bucătăriei. Îmi este imposibil să accept aceste vorbe pentru că știu că nu poate fi așa. Geta Mirea are un dar pe care Dumnezeu i l-a dat ei mai mult decât la multe altele dintre noi. Ca o dovadă în plus față de cele spuse de mine vă voi aduce spre prezentare o prăjitură cu cireșe realizată de ea și mult apreciată de un grup important de gospodine care alcătuiam un colectiv numeros într-un birou din Regionala C.F.R. Craiova.

Prăjitură cu cireșe

Ingrediente:

- 1 kg de cireșe cu sâmburii scoși
- 2 gălbenușuri
- 200 g. de zahăr plus încă 50 g., cântărite separat
- 2 linguri de pesmet
- cană de nuci
- 1 pachet de unt
- 350 g. de făină
- 1 pachețel de zahăr vanilat
- 1 praf de copt
- 1 vârf de cuțit cu scorțișoară
- ceașcă de smântână

Preparare:

Blatul:

Într-un vas se pun 2 linguri de zahăr, 2 gălbenușuri, un pachet de unt sau margarină, o ceașcă de smântână. Se freacă până devine o cremă care va fi îngroșată cu 350 g. de făină împreună cu praful de copt. Rezultă un aluat care se dă la rece pentru o oră.

După o oră se împarte aluatul în 2 părți egale

Asamblare:

Se pune o foaie pe tava ușor unsă cu ulei și tapetată cu hârtie de copt. Peste această foaie se pune un strat de pesmet, apoi se pun cireșele amestecate cu 200g. de zahăr, scorțișoara și o cană de nuci măcinate ori sfărâmate cu sucitorul pe planșetă. Atenție: cireșele se storc bine în mână înainte de a fi încorporate cu nucile și zahărul, sau se lasă la scurs câteva minute. Peste acestea se pune a doua foaie de cocă. Se înțeapă din loc în loc și se dă la copt la foc potrivit. Se taie caldă și se pudrează cu zahăr farin. Succes! 29 mai 1995, Geta Mirea, Craiova

Tort cu caise

Vara fructele sunt cel mai bun dulce servit proaspăt într-o fructieră confecţionată de meşterii noştri populari, dintr-o împletitură de răchită. Dar sunt foarte bune aceleaşi fructe servite într-un tort, păstrat câteva ore la frigider. Să încercăm aventura unui tort cu caise, în plin sezon al caiselor coapte, zemoase şi parfumate.

Ingrediente:

- 5 ouă
- 130 g. de zahăr
- 120 g. de făină
- 1 praf de copt
- 1 kg caise
- 150 g. de frişcă (ori un plic de frişcă vegetală dizolvată într-o ceaşcă de apă rece ori lapte rece, de la frigider)

Preparare:

Într-un vas se pun cele 5 gălbenuşuri cu 80 g. de zahăr şi o lingură de apă călduţă, frecându-se până se dizolvă zahărul şi se formează o cremă albă. Se pun în blender o jumătate de kg de caise, iar pulpa rezultată se incorporează în crema albă. Tot în blender, dar separat de anteriorul preparat, se pun cele 5 albuşuri cu restul de zahăr (50 gr), se bat bine, apoi se adaugă în restul de compoziţie. Se adaugă făina şi praful de copt. Se coace în tava tapetată la foc potrivit.

După ce s-a răcit blatul, îl tăiem în 2 părţi. Se umple cu cealaltă jumătate de kg caise, tăiate mărunt şi se îmbracă în frişcă ornată cu feliuţe de caise.

BUCOVINA și Poalele în Brâu

Bucovina este un ținut de basm și poveste. Situată în partea de Nord a României, teritoriul ei reprezintă patru la sută din tot teritoriul țării, având o populație în jurul cifrei de șapte sute de mii de locuitori, din care aproximativ două sute de mii reprezintă populația activă, în câmpul muncii, conform unei statistici realizate în anul 2005. Restul populației se ocupă cu meșteșugurile tradiționale, cu păstoritul ori agricultura. Istoria zbuciumată a acestui ținut atât de frumos și dăruit de Dumnezeu cu o bogăție deosebită, oglindită în păduri întinse de brazi și foioase, un sol fertil și un subsol plin cu minerale foarte rare, cu sarea din bucatele minunate realizate în orice gospodărie de mâinile harnice ale bucovinencelor, a fost motiv de dispută și chiar războaie, cu cei ce au poftit s-o aibă în stăpânirea lor. Dacă privim doar pentru o clipă o pagină din istoria Bucovinei, iar aceasta privire o aruncăm doar asupra timpurilor de la formațiunile prefeudale spre zilele noastre, pentru că istoria pământului bucovinean a apărut odată cu începutul vieții pe aceste locuri, adică de când lumea și pământul, aflăm că anul 1388 este anul atestării în documentele istorice scrise a ținutului Suceava, parte a Bucovinei. Petru Musat a consolidat Statul Feudal Moldova între anii 1375-1391. Apoi se remarcă pe scena istoriei domnitorul Alexandru cel Bun, care duce la belșug și dezvoltare Moldova. Punctul cel mai înalt îl realizează Ștefan cel Mare și Sfânt, care lasă urmașilor săi o Moldovă bine apărată de dușmani și înfloritoare. Vine anul 1771 când izbucnește războiul ruso-turc, Imperiul Otoman este învins, iar turcii oferă ca despăgubire de război, partea de răsărit a Moldovei, pentru că oricum nu era a lor și nu-i durea inima. Până în 1918, această parte din Moldova, *„De la Nistru pân-la Prut"*, după versurile lui Eminescu, a stat sub autoritatea Imperiului Țarist. Abia după Războiul de Independență al României din anul 1877, Romania a putut milita pe cale diplomatică pentru realizarea României Mari, în teritoriul căreia se întorcea ținutul pierdut, adică acea parte a Bucovinei despre care marele nostru poet patriot Mihai Eminescu spunea:

„De la Nistru pân-la Don
Tot românul este domn.
De la Nistru pîn-la Tisa
Tot romanul plânsumi-sa."

Fericirea unirii cu țara a ținutului bucovinean nu a durat o veșnicie, pentru că în anul 1939, urmare a Pactului Ribbentrop-Molotov, partea de nord a Moldovei, adică marea parte a Bucovinei, trece în stăpânirea URSS, după Marea Revoluție Socialista din Octombrie (M R S O) 1917 din Rusia. Acum, în timpurile noastre acest teritoriu se află în administrația Ucrainei, care nu are nici o vină că a primit așa un cadou de la puterea Sovietică. Un singur erou a avut Romania pentru lupta de reîntregire a hotarelor ei istorice, acela fiind Regele Carol I și nora sa Regina Maria! Aceștia în anul 1925 la data de 14 iunie, printr-o Lege administrativă, împarte ținutul Moldovei și al Bucovinei, în 5 județe: Județul Cernăuți, Câmpulung, Rădăuți, Storojineț și Suceava. Dar luna iunie se pare că ar fi fost fatidică pentru această parte a României, pentru că la data de 28 iunie 1940, printr-o alta Lege administrativă, rămâne din Bucovina doar ținutul cuprins între Vatra Dornei, Vama și Gura Humorului. Această organizare administrativă a inclus și ținutul Botoșaniului și al Sucevei. Această situație a dăinuit de la finalul celui de al Doilea Război Mondial până în anul 1968 când ținutul Botoșaniului iese de sub jurisdicția Sucevei, și devine județ de sine stătător ce există până în zilele noastre.

Am găsit de cuviință să fac o succintă prezentare a evoluției istorice a ținutului Bucovina, fiica a Moldovei Mari, dintr-un motiv trist: copiii și nepoții noștri nu mai au cuprinse în manualele lor de istorie povestea adevărată a pământului lor, a țării lor. Probabil se merge pe ideea de globalizare și se consideră că nu vom mai aparține unui pământ, unui teritoriu, unei istorii și atunci nu va mai fi necesar efortul de a se studia în scoală o poveste a istoriei, devenită lipsită de interes, plictisitoare chiar. Peste timp, acei tineri se vor întâlni poate din întâmplare pe undeva printr-o bibliotecă, pe un raft prăfuit sau într-un pod dintr-o casă veche, printre pânze lungi și dese de păianjen, cu o carte care le va stârni curiozitatea și așa vor afla cine sunt ei și de unde a pornit istoria lor. Abia atunci nu va mai conta nimic mai mult pentru ei, decât aflarea tainelor trecutului. Taine ce sunt bine scrise de istoricii români și de călătorii străini, în pagini de istorie universală, legate în tomuri importante de cărți și adăpostite în Biblioteci Universitare. Mintea ageră a tinerimii viitorului nu v-a avea hotare și opreliști! Totul va consta într-o scânteie a curiozității creată de o neînsemnată povestire!

Ca gustul acestor povestiri să fie mai atrăgător, le voi oferi rețeta minunatelor Poale în Brâu, rețetă dăruită chiar de o bucovineancă!

Poale în brâu

Ingrediente:

- 8 linguri de apă
- 8 linguri de lapte prins și ne smântânit (adică lapte acru cu smântână cu tot)
- 8 linguri de zahăr
- 8 linguri de ulei
- 2 ouă întregi
- un pachețel de drojdie uscată
- făină cât cuprinde (aproximativ 1 kg.)

Umplutura:

- 500 g. de brânză telemea de vacă
- 2 linguri de zahăr
- 2 linguri de smântână
- 100 g. de gris opărit într-o ceașcă cu apă
- un ou pentru uns aluatul

Preparare:

Toate aceste ingrediente se pun într-un vas astfel: se pun cele 2 ouă cu zahărul, frecându-se cât să se amestece bine. Se adaugă uleiul și laptele prins, apoi apa călduță în care se dizolvă pachețelul de drojdie, toate pe rând și în picături puțin câte puțin. La final se adaugă mirodenii, dar mai ales coaja de lămâie rasă și făina în ploaie, cât cuprinde pentru a ieși o cocă consistentă. Se lasă la dospit o oră. Coca odată dospită, se pune pe planșetă, se întinde cu sucitorul într-o foaie de 5 mm grosime și se taie în pătrate de 5-6 cm. Aceste pătrate se umplu cu o cremă formată din 500 g. de brânză telemea de vacă, două linguri zahăr, două linguri de smântână și 100 g. de gris fiert într-o ceașcă cu apă. Se amestecă bine cu lingura, apoi se pune câte o linguriță din această compoziție, în fiecare pătrățel de aluat. Fiecărui pătrat i se ridică colțurile și se unesc la mijloc ca într-un buchet, dar se pot și petrece una peste alta. Se lipesc bine acolo, se ung cu gălbenuș de ou și se pun în tavă la copt la foc domol la început, până cresc, apoi se dă focul iute. Când sunt rumene se scot din tavă și se pudrează cu zahăr farin, după gust. Bucovinenii le servesc cu o linguriță de smântână pusă pe deasupra. La masă se stropesc cu vin din pivnițele Vrâncioaiei. Poftă bună!

Aluat fraged

Acest aluat este recomandat atât pentru plăcintă cu brânză, cu mere, cu gem ori pentru cornulețe umplute cu rahat sau gem, precum și pentru tarte cu fructe.

Ingrediente:

- 500 g. de făină
- 1 cană de apă rece ori sifon
- 1 linguriță de oțet
- 2 ouă întregi, unul se pune în cocă, cu altul se unge suprafața prăjiturii
- 20 g. de drojdie proaspătă ori un praf de copt
- un praf de sare
- 250 g. de margarină

Preparare:

Totul, afară de margarină, se pune într-un vas și se amestecă până devine o cocă consistentă. Se întinde pe planșetă cu sucitorul, rezultând o foaie groasa de 2-3 mm. Se rade pe răzătoare margarina în cantitate de 250 gr, și se răspândește uniform pe toată suprafața foii de cocă. Se împachetează ca un jurnal, se aduce de capete, unul peste altul. Se repetă de 3 ori această operație, care are menirea să încorporeze margarina și să creeze un foietaj. În final se întinde coca pe planșetă și se împarte în două părți egale. Una se pune pe fundul tăvii și se presară o cešcuță de gris, ori de pesmet. Peste această foaie se pune umplutura, care poate fi din mere, brânză, gem, nucă etc. Peste umplutură se pune a doua foaie, se înțeapă ușor cu furculița și se unge cu un ou bătut cu o linguriță de apă și o linguriță de ulei. Se dă la foc în cuptorul încins la 100°C, iar pe măsură ce creste și necesită o căldură mai mare, se trece la

200°C. Coaptă, se pudrează cu zahăr, iar pentru persoanele cu diabet se elimina aceasta operație.

Umplutura cu mere:

- 4 mere
- 1 lingură de zahăr
- 1 linguriță de scorțișoară

Merele se rad pe răzătoare, se amestecă cu o lingură de zahăr și cu o linguriță de scorțișoară. Se pun direct pe foaia de cocă, presărată cu o ceașcă de gris ori pesmet.

Poftă bună!

Greta Garbo

Greta Garbo a fost o actriță care a înfrumusețat tinerețea părinților noștri, fiind un model al frumuseții femeii acelor ani. Toate cinematografele rulau filmele în care juca Greta Garbo, cu casa închisă. Trebuia să mergi la casa cinematografului cu câteva zile mai devreme pentru a procura bilete. Așa erau vremurile cinematografiei de succes!

Mariana Ciocănea, cumnata mea, fiind soția fratelui soțului meu, era o tânără profesoară de limba franceză. Iubea muzica franțuzească și bineînțeles, melodiile interpretate de Salvatore Adamo, care erau la mare modă în anii 1970, 1980. În perioada aceea era Festivalul de muzică ușoară de la San Remo, de o înaltă calitate artistică și interpretativă, dar și de o ținută vestimentară deosebită. Toată studențimea română și nu numai, era încântată să urmărească la televiziunea noastră acele înregistrări muzicale din concertele cântăreților la modă ai vremii, printre care se numărau Celentano, Charles Aznavour, Joe Dassin și alții. În perioada de grație a anilor 1970, la Brașov s-a organizat un Festival al muzicii ușoare internaționale. Pe atunci Televiziunea Română și Ministerul Culturii au avut o idee de progres și deschidere spre lumea occidentală, organizând acest concurs numit Cerbul de Aur. Cu acest prilej am avut și noi românii, ocazia să-i vedem pe cei mai tineri și talentați cântăreți de muzică ușoară din lume. Se pare că acea perioadă minunată de deschidere către cultura occidentală a rămas adânc imprimată în sufletele tinerilor romani, încât și o rețetă de prăjitură a fost botezată cu numele unei mari actrițe de la Hollywood. Așa se face că am obținut din caietul de prăjituri al Marianei, rețeta cu numele Greta Garbo. Mariana este o gospodină desăvârșită dar și o pasionată a aranjamentului și ornamentului culinar. Mesele organizate de ea în casa ei, sunt de o înaltă ținută estetică și de un înalt grad de reușită în realizarea preparatelor pe care le servește musafirilor ei. Este un talent acest dar al ei, care este cu atât mai apreciat cu cât el este realizat cu multă pasiune. Munca depusă în bucătărie este imensă. Pentru ea nu contează acest fapt, pentru că are o pasiune deosebită în realizarea de preparate culinare noi, studiind cu multă atenție reviste, jurnale, cărți de bucate, orice ii pică în mână pe aceste teme.

Talentul ei nu este numai de natură culinară. Acesta s-a transformat de-a lungul vieții ei într-un hobby, pentru că are încă un talent pe care Dumnezeu îl oferă când și când, cui și cui. Acel talent este de a fi profesoară. Este o ființă care nu face nimic fără maximă responsabilitate și care face parte din pleiada profesorilor care au dus cultura și nivelul învățământului românesc la un înalt grad al cunoașterii, oglindit în reușita elevilor săi. Nimeni care a învățat tainele gramaticii limbii române la clasa D-nei Profesoare Mariana Ciocănea, nu l-a mai uitat niciodată în viață. Această afirmație nu este gratuită, pentru că mărturie stau zecile și sutele de elevi care i-au trecut prin fața ochilor și mintii în atâția ani de pedagogie, printre care și fiica mea, care a avut curajul să se prezinte la un examen de gramatică la un interval de 6 ani de când nu mai studiase această disciplină. Rezultatul acelui examen a fost o notă maximă, notă care era de fapt a slujitorului limbii și culturii romanești, a dăruirii și pasiunii cu care și-a oferit cunoștințele, urcând podiumul catedrei din anii tineri ai vieții, până în anii cu florile de ghiocei în păr și cu parfumul trandafirilor în suflet!

Prăjitura Greta Garbo

Ingrediente:

- un ou
- 250 g. de zahăr
- 50 g. de unt
- 3 linguri miere de albine
- 200 ml. de lapte
- lingură de amoniac alimentar, stins într-o linguriță de oțet
- 300 g. de făină

Preparare:

Se pun într-un vas pe baie de abur cele 250 g. zahăr, un ou întreg, 50 g. de unt, 3 linguri de miere de albine, 200ml lapte. Se freacă bine cu lingura de lemn până se topește zahărul și apare o spumă galbenă. Se adaugă făina în ploaie și amoniacul dizolvat. Compoziția se pune la copt, într-o tavă unsă și tapetată cu hârtie. Se coace la foc domol până creste, apoi se ridică temperatura la 200°C. Când este gata coaptă se taie caldă cu o formă rotundă ori altă formă, după plac. Se siropează fiecare prăjitură cu un sirop astfel realizat:

Se pune într-un vas la foc mic 250 g. de zahăr, 200 g. de unt, 50 g. de cacao, 5 linguri de lapte. Se fierb bine până scade compoziția și devine groasă. Fiecare formă de prăjitură se îmbibă bine cu acest sirop, apoi se tăvălesc prin nucă pisată. Se dă la rece și se servesc cu o cafea amară și un pahar de apă rece, pe un fond muzical din repertoriul franțuzesc, pentru că autoarea acestei rețete iubește acest gen muzical. Poftă bună !

Fursecuri

În anul 1976 am aflat cea mai bună rețetă de fursecuri. Eram în casa socrilor mei, iar „Mami" era gospodina casei. De la Dânsa am învățat multe în gospodărie, încât pot spune că bagajul de cunoștințe culinare de bază, precum și aproape tot ce știu în ale gospodăriei sunt grație răbdării și talentului dânsei de a explica, de a mă provoca să am curajul să încerc să lucrez acele rețete, fără teama că greșesc. Și dacă greșeam, nu aveam teama inculpării. Acesta este de fapt esențialul în arta de a învăța gospodărie! Îi mulțumesc și azi și toată viața mea pentru această răbdare și acest talent al dânsei! Și acum rețeta de fursecuri promisă:

Ingrediente:

- 3 ouă
- 3 pahare obișnuite cu zahăr
- 3 pahare de ulei
- făină cât cuprinde să fie o cocă ce se lucrează pe planșetă
- un praf de copt
- mirodenii, îndeosebi coajă rasă de lămâie

Preparare:

Se pun într-un vas cele 3 ouă întregi, împreună cu zahărul și se bat cu telul până devine o compoziție al cărui volum s-a dublat. Se adaugă uleiul picătură cu picătură, continuând să batem cu telul. Se pun mirodeniile, praful de copt și făina. Coca obținută se pune pe planșetă, se mai adaugă făină cât să fie o cocă consistentă care se împarte în zeci și zeci de mici sfere, asemeni nucilor. Acestea se pun în tavă la cuptor la foc moderat, apoi tare. Când sunt rumene pe partea cu care sunt așezate pe tavă, le scoatem imediat și le răsturnăm într-un castron mare. Din această compoziție ies cam 3 sau 4 tăvi de aragaz. Când sunt toate fursecurile coapte, le unim două câte două cu gem de prune în care picurăm o linguriță de esență de rom. Trecem fursecurile printr-un praf de zahăr farin și le ținem la un loc răcoros 2 sau 3 zile până le servim, pentru că ele se frăgezesc în timpul acesta.

Din experiența mea, care înseamnă multe încercări nereușite și altele reușite, vă recomand ca în locul prafului de copt să utilizați aceeași cantitate de amoniac alimentar, iar conținutul aluatului de cocă să-l realizați mai moale, adică făină mai puțină (aproximativ 500 grame). Poftă bună! 02 dec 1976

Chec

Era o modă a checurilor, în anii 1970-1980. Toate gospodinele se întreceau în rețete de chec. „Mami” avea cea mai bună rețetă. Adică nici scumpă, nici greu de realizat și cu un grad de reușită sută la sută. Iat-o:

Ingrediente:

- 4 ouă întregi
- 400 g. de zahăr
- un pahar de ulei (același pahar obișnuit de vin)
- un pahar de lapte
- un praf de copt dizolvat într-o linguriță de oțet
- 400-450 g. de făină
- 2-3 linguri cu cacao
- mirodenii

Preparare:

Cele 4 ouă întregi se pun într-un vas împreună cu cele 400 g. de zahăr și se bat cu telul până zahărul se topește, iar compoziția își dublează cantitatea. Se adaugă uleiul în fir subțire, bătându-se încontinuu cu telul. De asemeni se adaugă laptele, tot în fir subțire. Făina se pune în ploaie, iar praful de copt odată cu ea. Se pun mirodenii: zahăr vanilat, coaja rasă de lămâie. Se pregătesc două tăvi de chec. Se ung cu ulei și se tapetează. Se toarnă compoziția până la jumătatea tăvii, iar restul se amestecă cu cele 2-3 linguri de cacao. Se pune și această compoziție peste cealaltă în tăvi, împărțită în mod egal. Se dau tăvile la cuptor, pentru început la 150°C. După 10-15 min se creste temperatura gradual până la 200°C, când este coacerea finală. Checurile se scot din tăvi, se pudrează cu zahăr farin și se lasă la loc cald până se răcesc. Se servesc cu un pahar de vin roşu ananas, precum şi cu amintiri plăcute despre timpurile trecute. Poftă bună și La mulți ani!

4 noiembrie 1995, Craiova

Vin din smochine

În copilăria mea, tata se ocupa cu prepararea acestui vin, fiind un fel de medicament în echilibrarea organismului uman. Iată rețeta pentru 10 litri de vin:

Ingrediente:

- 10 litri de apă călduță
- 3 kg de zahăr
- 1 Kg de smochine
- 200 g. de stafide
- 500 g. de lămâi coapte bine și zemoase
- 20-30 g. de drojdie proaspătă

Preparare:

Apa călduță se pune într-un vas de sticlă (borcan, damigeană) împreună cu cele 3 kg de zahăr și se mestecă ușor până la dizolvarea lui. Smochinele se taie bucățele, stafidele se spală în apă călduță și se pun întregi, lămâile se taie feliuțe și apoi bucățele mici. Tata punea lămâile cu coajă cu tot. Drojdia se dizolvă într-o ceșcuță cu apa caldă. Toate se pun în vasul de sticlă și se amestecă ușor cu o paletă de lemn. Temperatura la care trebuie să fie este de max. 20-30°C la loc ferit de surse de căldură și lumină. Vasul se pune într-un dulap ori se îmbracă cu o husa de culoare închisă. Se lasă la fermentat 4-6 săptămâni. În primele 3 zile se lasă la macerat fără a fi agitat conținutul. Apoi, din când în când, la interval de 2-3 zile se mai mestecă puțin. După primele 10 zile se amestecă în fiecare zi, până la final când a fermentat suficient. Se trage în sticle și se pun dopuri de plută. Atenție, nu sticle de plastic! Se ține la rece.

Se poate face și a doua producție din acest vin. Tata se ocupa și cu acest procedeu. Iată cum: în același vas unde a fermentat prima producție, se mai pun 3 kg zahăr, și încă 20-30 g. de drojdie dizolvată în alte 10 litri de apă călduță. Se adaugă și o linguriță de sare de lămâie dizolvată. Se pune la fermentat încă 4-6 săptămâni.

Tata prepara acest vin într-o damigeană de 50 de litri, pe care o păstra pe timpul fermentației vinului de smochine, într-un dulap situat într-o cameră caldă la 23°C. Acest vin îl prepara numai iarna, pentru că importul de smochine se realiza în anii de dinainte de 1989 numai în acel sezon. Acest vin este atât de fin încât eclipsează șampania. Nu creează probleme cu tensiunea arterială și este un bun antioxidant în procesele chimice și biologice din corpul omenesc. Grecii autentici îl folosesc ca pe cel mai fin vin al lor, iar din rezultatul macerării ingredientelor vinului, fac cea mai bună țuică, trasă de două ori, cum ne spunea grecul la care am locuit în vacanta din 2014 din insula Thassos. Vă doresc ca acest vin să vă aducă sănătate și fericire în casele Dumneavoastră!

De trandafiri...

În curtea casei părinților mei era o superbă gradină cu flori. Trandafirii erau marea pasiune a tatei. Mama nu-i iubea așa de mult precum tata. Motivul era atât de simplu: îi rupeau bluzele, balticele, capoatele. Mama îi uda, îi curăța de ramurile uscate, culegea petalele ofilite într-un cos de nuiele. Nici o petală nu era lăsată să putrezească pe pământul jilav. Era ca o poezie ritualul îngrijirii trandafirilor. Mama era cea care se îngrijea de frumusețea lor, dar tata îi diviniza. Diminețile de vară se trezea și fugea în grădinița din fața casei, să vorbească cu trandafirii. Avea trandafiri pentru dulceață, o tufă roz cu nuanțe mov. Pe zidul casei se urca un trandafir roșu-grena, atât de parfumat încât înmiresma toată curtea. Așezate în ronduri în formă geometrică se răsfățau tufele de trandafiri albi și roz. Toate aceste soiuri de trandafiri fuseseră aduse și cultivate de tata. Oriunde afla un soi de trandafiri, se ducea și plătea orice sumă de bani, nu conta, doar să obțină un butaș. Sub fereastra camerei cu vedere la stradă, tata pusese o bancă de lemn confecționată de el. Acolo își sorbea cafeaua și țigara de dimineață. Acolo își făcea planul pentru ziua aceea, acolo își clădea mersul vieții lui. Dacă era o zi de vară ploioasă, se adăpostea sub streașina casei, așeza băncuța lipita de zidul casei și se ghemuia acolo lângă tufele de trandafiri. Privea lumea de pe stradă printre picăturile de ploaie și petalele trandafirilor... Vorbea cu ele și le scutura de praful alb al străzii. Florile cred că-l simțeau și-l răsplăteau cu o inflorescență foarte bogată. Buchete și buchete de rămurele încărcate de boboci de trandafiri de toate culorile... Era un colț al Raiului...

Mama era o fire mult mai sensibilă decât tata, dar trupul ei era ca un pătrățel, adică atât de lat, cât de înalt. Din acest motiv intra cu greutate printre trandafiri, se înțepa în ghimpii lor, își rupea bluzele în ramurile lor. Tata era mai subțirel și se strecura cu ușurință printre tufele trandafirilor. Fiecare avea partea lui în munca de îngrijire a lor. Tata era cu tăiatul crengilor, cu altoitul soiurilor, cu stropitul contra dăunătorilor, iar mama se îngrijea de curățenia lor zilnică și cu culesul petalelor. Trandafirii când sunt bine îngrijiți, dau și o recoltă bogată de petale! Mama era cea care prețuia parfumul trandafirilor transformându-le petalele în parfumatele dulcețuri și răcoroasele siropuri de vară. Rețeta pentru dulceață de trandafiri este foarte simplă și poate fi realizată cu o singură condiție: să avem petale de trandafiri pentru dulceață. Iată rețeta:

Dulceață de trandafiri

Ingrediente:

- un kg de zahăr
- 500g petale de trandafiri de dulceață
- linguriță de sare de lămâie

Preparare:

Se pune la fiert cu 250 ml. de apă. În timp ce siropul de zahăr fierbe la foc domol, se freacă 500g. de petale de trandafiri cu o linguriță de sare de lămâie. Petalele nu se spală cu apă ci se șterg cu o bucățică de pânză albă, curată. Se lasă câteva minute să se îmbibe cu această sare. În momentul în care siropul s-a legat, punem și aceste petale la fiert. Lăsăm focul mic și mișcăm vasul doar din exterior. Nu se introduce lingura! Când s-a legat siropul, îndepărtam vasul de foc și-l acoperim cu o pânză muiată în apă rece și stoarsă bine. Se lasă dulceața să se răcorească. Se pune în borcane în stare călduță, se capsează cu capace noi. Borcanul se agită printr-o mișcare bruscă, cu capacul în jos și fundul borcanului în sus, în scopul de a se prinde bine capacul de borcan și a se elimina posibilitatea de a intra aer. Nu se folosesc conservanți!

Siropul de trandafiri

Se realizează din orice fel de petale de trandafiri. Se spală petalele în jet de apă rece, se pun oricât de multe într-un borcan mare, de preferat de 10 litri. Peste petale se pune 1 Kg de zahăr și un pliculeț de sare de lămâie. Se umple borcanul cu apă rece de la robinet. Se mestecă cu o paletă de lemn și se lasă la macerat 10 zile. În acest timp se mestecă în fiecare zi. După 10 zile se trage siropul în sticle chiar de plastic, dar se țin la rece și cu dopul ușor înfiletat, așa fel să pătrundă aer în sticlă.

Siropul de trandafiri pentru iarnă se prepară precum dulceața. Astfel se fierbe într-un vas apă cu petalele de trandafiri, până se colorează apa. Se arunca petalele, se măsoară cantitatea de apă și se face proporția: La un litru de zeamă se pune 1 Kg de zahăr. Se fierbe până se leagă precum la dulceață. În ultimul minut de fierbere se pune un vârf de linguriță de sare de lămâie. Nu se pune conservant!

Ceaiul de petale de trandafiri este recomandat pentru calmarea stărilor depresive. Este o infuzie de orice soi de petale de trandafiri, indiferent că sunt proaspete din gradină ori sunt uscate pentru iarnă. Aceleași petale de trandafiri pot fi uscate și așezate în vase de sticlă ornamentale, în diferite zone ale casei dumneavoastră. Aduc un aer de eleganță și rafinament și sunt încărcate cu energie pozitivă de la Mama Natură, energie de care orice casă are nevoie.

Vă mulțumesc că ați avut răbdarea lecturării rândurilor așternute de mine! Prin aceste rânduri mi-am „dezgolit" o parte a gândurilor mele. Tot ce am scris a fost trăit de mine, fiecare rețetă de prăjitură a fost încercată cu mai multă ori mai puțină reușită, dar am împărtășit cu toată dragostea și sinceritatea, tot ce am crezut că este necesar de știut de o gospodină despre reușita acelei prăjituri. Vă doresc tinerețe, curaj și reușită în tot ce veți înfăptui în vâltoarea vieții voastre și *„Să nu uităm să tratăm cozonacul ca pe cea mai fină prăjitură"* iar despre trandafiri *„Să nu uităm să iubim trandafirii"* pentru că sunt un simbol al iubirii, al optimismului, al învingătorului, al vindecătorului sufletului și corpului nostru!

Cu tot respectul și toată dragostea,

16 ianuarie 2016, Craiova Adriana Ciocănea

Referințe

Kathy Kane Hansen – Am învățat

Copii eram noi amândoi – Mihai Eminescu

Pavel Coruț, Lumina Geto-Daciei, pag. 97

Pavel Coruț, Balada Lupului Alb, pag. 93

Memento Mori (Panorama deșertăciunilor-Fragmente) Mihai Eminescu

Povestea Codrului, de Mihai Eminescu

Lacul, de Mihai Eminescu

Scrisoarea II de Mihai Eminescu

Scrisoarea III de Mihai Eminescu

Don't miss out!

Visit the website below and you can sign up to receive emails whenever Adriana Ciocănea publishes a new book. There's no charge and no obligation.

https://books2read.com/r/B-A-DGNNB-LXLKD

BOOKS 2 READ

Connecting independent readers to independent writers.

Also by Adriana Ciocănea

Din Carpați până-n Urali și din Urali până-n Tatra
Evadarea
Flacara amintirilor
În oglinda timpului
Paralele
Povestea mea
Viață pentru viață

About the Author

Elena Cuza high school graduate from Craiova, CFR post-high school graduate, retired. I write books for the pleasure of sharing with people something from my life experience and my feelings.

I pass on the gift I received from God through the books I write.

www.ingramcontent.com/pod-product-compliance
Lightning Source LLC
LaVergne TN
LVHW050555160826
845677LV00011B/2317

* 9 7 9 8 2 3 0 8 6 4 2 4 0 *